Stefan Köhler

STERNENJÄGER

EIN MILITÄR-ACTIONTHRILLER ÜBER DIE STARFIGHTER DER BUNDESWEHR

EK-2 MILITÄR

Ihre Zufriedenheit ist unser Ziel!

Liebe Leser, liebe Leserinnen,

zunächst möchten wir uns herzlich bei Ihnen dafür bedanken, dass Sie dieses Buch erworben haben. Wir sind ein kleines Familienunternehmen aus Duisburg und freuen uns riesig über jeden einzelnen Verkauf!

Mit unserem Label *EK-2 Militär* möchten wir militärische und militärgeschichtliche Themen sichtbarer machen und Leserinnen und Leser begeistern.

Vor allem aber möchten wir, dass jedes unserer Bücher **Ihnen ein einzigartiges und erfreuliches Leseerlebnis** bietet. Daher liegt uns Ihre Meinung ganz besonders am Herzen!

Wir freuen uns über Ihr Feedback zu unserem Buch. Haben Sie Anmerkungen? Kritik? Bitte lassen Sie es uns wissen. Ihre Rückmeldung ist wertvoll für uns, damit wir in Zukunft noch bessere Bücher für Sie machen können.

Schreiben Sie uns: info@ek2-publishing.com

Nun wünschen wir Ihnen ein angenehmes Leseerlebnis!

Moni & Jill von EK-2 Publishing

*Dieses Buch ist den umgekommen Starfighter-Pi-
loten der Luftwaffe, ihren Familien und Freunden
gewidmet.*

Vorgeschichte

Die junge Bundesluftwaffe stand vom Zeitpunkt ihrer Gründung an vor gewaltigen Herausforderungen. In den zehn Jahren seit Kriegsende hatte sich die Technik rasant weiterentwickelt und sowohl das politische als auch das militärische Umfeld wandelte sich. Aus der Sowjetunion, zuvor Teil der Siegermächte über das Dritte Reich, war praktisch übergangslos ein Feind geworden.

Für die Bundesluftwaffe ergaben sich, als Bestandteil des NATO-Bündnisses, zwei schwerpunktmäßige Aufgaben, namentlich die Luftverteidigung und der taktische Luftangriff. Diese Vorgaben bestimmten die Ausrüstung und die Zusammenstellung der Einsatzverbände.

Als am 2. Januar 1956 die ersten Rekruten der Bundeswehr ihren Dienst antraten, fehlte es der Luftwaffe an allem: an Infrastruktur, an Material, an englischer Sprachkenntnis und ganz besonders an Erfahrung. Dennoch, man entwickelte in Bonn ehrgeizige Pläne: 20 Geschwader sollten bis April 1960 aufgestellt werden.

Zur Erstausstattung der Luftwaffe zählten zum größten Teil veraltete Flugzeugmuster, die nur als Übergangslösung angesehen wurden. Dennoch konnten die neu aufgestellten Einsatzverbände schon sehr bald in die NATO integriert werden. Trotz aller Mängel und Schwierigkeiten waren bis zum Ende des Jahres 1960 zwei Lufttransportgeschwader sowie fünf Jagdbomber-, zwei Aufklärungs- und drei Jagdverbände einsatzbereit. Die Allwetter- und Nachtkampffähigkeit der vorhandenen Flugzeugmuster war allerdings unzureichend. Ein Ersatz musste her und das dringend.

Die Luftwaffe suchte bereits ab 1957 nach einem modernen Abfangjäger, der den Canadair Sabre und den F-86K ersetzen sollte. Laut Vorgabe musste dieser Abfangjäger mit einer sehr kurzen Startbahn auskommen und eine Geschwindigkeit von Mach 2 erreichen, um hochfliegende sowjetische Bomber bekämpfen zu können – allerdings existierte ein solches Flugzeug Ende der 1950er-Jahre nicht.

1958 kam es zu einem ersten Vergleichsfliegen der damals verfügbaren Modelle, der französischen Dassault Mirage III sowie zwei aus den Vereinigten Staaten stammenden Jägern, der Grumman F11F »Tiger« und der Lockheed F-104A »Starfighter«.

Doch dann übernahm die Politik. Für Bundeskanzler Konrad A-
denauer spielte die Erlangung der weitgehenden Souveränität der
Bundesrepublik eine wichtige Rolle, die noch immer durch das
Besatzungsstatut stark eingeschränkt war. Aus diesem Grund galt
für Bonn die nukleare Teilhabe als unverzichtbar, alleine schon,
um ein Mitspracherecht an der atomaren Einsatzplanung zu erhalten. Der damalige Verteilungsminister Franz-Josef Strauß verkündete, dass der Starfighter als neues fliegendes Waffensystem
für die Luftwaffe ausgewählt worden sei – obwohl die zu beschaf-
fende Version nur auf dem Reißbrett existierte. Auch sollte die
Maschine nun in verschiedenen Rollen eingesetzt werden: als Abfangjäger, als Jagdbomber (mit nuklearer Bewaffnung), als Aufklärer, Trainer und als Kampfflieger zur Seezielbekämpfung.

Und es schien auch alles für die »Hundertvier« zu sprechen: sie
bot eine erstaunliche Höchstgeschwindigkeit von 1.220 Knoten
(rund 2.300 km/h), sie erklomm im Steigflug eine Höhe von
82.020 Fuß (etwa 25 km) in vier Minuten und 26,03 Sekunden, und
erreichte eine maximale Flughöhe von 103.390 Fuß (unglaubliche
31,5 km). Sie war das erste Flugzeug, das gleichzeitig die Rekorde
für Geschwindigkeit, Höhe und Steigrate hielt.

Der Starfighter sollte die veralteten Abfangjäger CL-13 und F-
86K Sabre sowie die Aufklärer und Jagdbomber F-84F/RF-84F bei
der Luftwaffe ablösen und zudem noch bei der Bundesmarine als
Ersatz für die Sea Hawk dienen. Weitere NATO-Staaten schlossen
sich der deutschen Wahl an.

Für einen Stückpreis von etwa sechs Millionen Deutsche Mark
sollten über 900 Flugzeuge bei Luftwaffe und Bundesmarine in
Dienst gestellt werden ...

*Die folgende Geschichte spielt in den
1960er-Jahren ...*

Flugplatz Nörvenich

Oberleutnant Daniel Friedrichs freute sich auf den bevorstehenden Flug, auch wenn er sich immer noch nicht so recht an das Leben in Deutschland gewöhnt hatte. Die vergangenen Monate hatte Friedrichs in Arizona verbracht, genauer auf der Luke Air Force Base. Dort hatte er gelernt, den F-104G Starfighter zu fliegen. Die Rückkehr nach Deutschland war eine ernüchternde Sache gewesen. Es war unverkennbar, wie stark die Luftwaffe in allen Bereichen improvisieren musste. Da war das Leben in den zugigen Baracken neben dem Flugfeld noch das kleinste Übel.

Innerlich verglich Friedrichs noch immer alles mit Arizona. Dort war der Flugbetrieb straff durchorganisiert gewesen, ebenso die theoretische Unterweisung. In den riesigen Tieffluggebieten von Arizona hatten die Piloten bei schönstem Wetter ihren Maschinen »die Sporen« geben können. Wieder in der Heimat angekommen, machte vor allem das Wetter den frisch ausgebildeten Starfighter-Piloten das Leben schwer. Der Wind, der Nebel, die tiefhängenden Wolken und vor allem die Temperaturen beeinträchtigten Mensch und Maschine. So setzte sich die hohe Luftfeuchtigkeit in den elektronischen Geräten fest, was immer wieder zu unberechenbaren Fehlfunktionen führte. Unterstellmöglichkeiten für die Flugzeuge waren so gut wie gar nicht vorhanden, die Maschinen standen bei Wind und Wetter draußen im Freien. Teilweise konnte das Jagdbombergeschwader 31, das erst im April von Generalleutnant Josef Kammhuber seinen Traditionsnamen »Boelcke« verliehen bekommen hatte, nur drei oder vier Maschinen als klar melden. Die Techniker waren wegen ihrer noch mangelhaften Ausbildung, fehlender Ausrüstung und zu wenig Personal einfach nicht in der Lage, mehr Vögel flugklar zu halten. Damit geriet die weitere Ausbildung in den fliegenden Staffeln natürlich immer weiter in Verzug. Die Luftwaffenführung tat ihr Möglichstes, um zum Beispiel die dringend erforderlichen baulichen Veränderungen auf dem Flugplatz in Angriff zu nehmen, aber Anweisungen und Befehle halfen wenig, wenn das erforderliche Material nicht verfügbar war. Es bedurfte mehr Zeit, um das von der NATO geforderte Niveau zu erreichen. Die Mängel führten beim Stammpersonal natürlich zu Unzufriedenheit. Einige Piloten hatten die Luftwaffe bereits wieder verlassen, um ihr Glück in der zivilen Fliegerei zu suchen.

Friedrichs sah das ein wenig anders. Ihm war klar, dass die neue Bundeswehr als Ganzes und besonders die Luftwaffe vor großen Herausforderungen stand. Man stampfte nicht einfach so mir nichts, dir nichts eine neue Armee aus dem Boden. Es hatte ja zehn Jahre lang überhaupt keine deutsche Luftfahrt gegeben. Und wenn man genauer hinsah, waren die ersten Verbesserungen auch schon auszumachen. Überall wurde gebaut: Unterkünfte für die Besatzungen und das Bodenpersonal, neue Abstellflächen und Rollbahnen, eine verlängerte Start- und Landebahn – im Grunde war der ganze Flugplatz eine einzige Baustelle.

»Na, Daniel«, sagte Staffelkapitän Roland Henke unvermittelt. »So in Gedanken?«

Der Oberleutnant zuckte halb zusammen. »Ein wenig, Herr Hauptmann.«

Henke lächelte. »Bereit, in den Himmel aufzusteigen?«

»Aber immer, Herr Hauptmann!«

»Dann wollen wir mal.«

So einfach gestaltete sich die Sache jedoch nicht. Die Schwierigkeiten begannen bereits, als Henke die Flugunterlagen aus dem Schrank nehmen wollte.

»Verflixt und zugenäht«, schimpfte der Hauptmann, während er sich an der Schranktür abmühte. »Das gibt es doch nicht!«

Die Tür klemmte, warum auch immer. Erst, als ihr ein Gefreiter mit einer Brechstange zu Leibe rückte, kapitulierte sie und Henke konnte die Flugunterlagen an sich nehmen.

»Das fängt ja gut an«, kommentierte der Staffelkapitän launisch.

Nach der Vorbesprechung begaben sich Friedrichs und Henke zur Einsatzplanung, wo ihnen der Einsatzoffizier zwei Flugzeuge zuwies. Von dort aus ging es weiter zum Flugausrüster, der die Fallschirme in Verwahrung hatte. Zwar waren drei Rettungsschirme vorrätig, aber nur einer davon durfte benutzt werden, da die beiden anderen zur routinemäßigen Überprüfung anstanden. Per Telefon versuchte der Flugausrüster nun, seinen Vorgesetzten zu erreichen. Nach fünf Minuten nahm dann endlich ein gelangweilt klingender Soldat den Hörer vom Telefon.

Hauptmann Henke schnappte sich den Hörer und faltete den armen Mannschaftsdienstgrad prompt zusammen: »Was ist denn das für ein Kasperleverein hier? Wir brauchen die Fallschirme! Wir sind für einen Flug angemeldet!«

Am anderen Ende der Leitung übernahm der Chef der Flugausrüster das Gespräch. Er erklärte dem zornigen Hauptmann, dass freigegeben Fallschirme erst gegen Mittag verfügbar seien würden.

Der Staffelkapitän legte bedächtig den Hörer auf. »Scheint so, als müssen wir noch ein wenig warten. Machen wir das Beste draus und gehen einen Kaffee trinken.«

Henke führte den Oberleutnant in den Bereitschaftsraum zurück. Er reichte Friedrichs eine Tasse mit Kaffee und sie setzten sich an einen freien Tisch.

»Nicht mal genug Fallschirme haben wir«, grummelte Henke in seinen Kaffeebecher hinein. »Unglaublich, das Ganze.«

»Ach, das wird schon, Herr Hauptmann«, gab sich Friedrichs optimistisch.

»Hey, du krummer Kerl«, rief jemand plötzlich herüber. Friedrichs reckte den Kopf und erkannte einen breit feixenden Oberleutnant Bernd Koenig, der Hauptmann Henke nun mit einem angedeuteten Salut grüßte. Friedrichs kannte den Burschen schon vom Gymnasium her, die beiden hatten danach gemeinsam die Ausbildung zum Kampfpiloten durchlaufen. Sie waren über die Jahre Freunde geworden, verbrachten auch privat Zeit miteinander, oft zu viert mit seiner Frau und Friedrichs aktuellen Lebensabschnittsgefährtin. In den letzten Monaten waren die Treffen seltener geworden, Bernd und seine Frau Gerda hatten seit der Geburt ihrer Zwillinge alle Hände voll zu tun.

»Dass du mir ja nicht die Tauben verschreckst da oben!«, frotzelte Koenig, der immer für einen lockeren Spruch zu haben war.

»Sehen Sie zu, dass Sie Land gewinnen!«, knurrte Hauptmann Henke lachend. »Sie sind wirklich ungeheuerlich, Koenig!«

»Immer gerne, Herr Hauptmann.« Koenig schlappte davon.

Fast zwei Stunden später klingelte das Telefon. Einer der anderen Piloten nahm den Hörer ab und meldete Henke, dass die Fallschirme verfügbar seien.

»Na sehen Sie, Herr Hauptmann«, grinste Friedrichs fröhlich. »Was lange währt, wird endlich gut!«

»Abwarten, Daniel. Immer abwarten«, dämpfte Henke die Begeisterung des jüngeren Fliegers.

Beim Flugausrüster erhielten sie ihre Fallschirme. Vor jeder Nutzung musste zunächst das kleine Heft in der Seitentasche der Schirmhülle kontrolliert werden. Die Piloten hatten das aktuelle

Inspektionsdatum und den dazugehörigen Stempel zu prüfen und in einer Klappe des Flugausrüsters gegenzuzeichnen. Es waren die gleichen Fallschirme, die schon auf der F-84F verwendet worden waren. Um die Schirme im Notfall überhaupt nutzen zu können, mussten die Piloten Sporen über ihre Fliegerstiefel schnallen. Diese wurden dann unten am Schleudersitz eingerastet, um die Füße fest an den Sitz zu ziehen, sollte der Schleudersitz ausgelöst werden. Beladen mit ihren Fallschirmen und den Flugtaschen schritten Oberleutnant Friedrichs und Hauptmann Henke nach draußen.

Wie durch ein Wunder war sogar ein Kleinbus verfügbar, der sie zum Flugfeld fuhr. Dabei waren Fahrzeuge wie der DKW-Kleinbus Mangelware. Der DKW war aus Sicherheitsgründen mit einer rot-weiß-karierten Flagge ausgestattet, die munter im Fahrtwind flatterte. Der Fahrer setzte die beiden Flieger schließlich ab und brauste mit einem Winken davon.

Henke und Friedrichs bewegten sich auf die beiden ihnen zugewiesenen Maschinen zu. Ihre Sporen klickten, jedes Mal, wenn sie den Beton berührten.

Der verantwortliche Oberfeldwebel kam ihnen nervös entgegen.

»Guten Tag, Herr Hauptmann. Herr Oberleutnant.«

»Guten Tag. Was ist kaputt?«, fragte Henke direkt.

Oberfeldwebel Seidel wand sich unbehaglich. »Gar nichts, Herr Hauptmann. Aber die Flugzeugwarte sind noch beim Essen. Ich erwarte sie jeden Moment zurück.«

»Dann machen wir schon mal die Kontrolle. Ich möchte nicht noch mehr Zeit verlieren«, entschied Henke.

»Jawohl, Herr Hauptmann.«

Allein der Vergleich der teilweise noch geheimen Leistungsdaten der F-104G mit den Daten der veralteten F-84F »Thunderstreak« versetzte Friedrichs immer wieder in Erstaunen. Das Abfluggewicht des Starfighters war geringer als das der F-84F und gleichzeitig entwickelte das J79-Triebwerk mehr als doppelt so viel Schub. Dies bedeutete eine sehr hohe Steigleistung, eine bessere Beschleunigung und eine hohe Geschwindigkeit. Die Vorderkanten der extrem dünnen und kurzen Tragflächen waren scharf wie Schwertklingen und mussten am Boden mit einer Abdeckung versehen werden. Mancher Pilot und Techniker hatte sich während der Vorflugkontrolle daran verletzt, denn bei der Inspektion wurden die Abdeckungen entfernt. Die Tragfläche selbst war kaum größer als der Esstisch im Wohnzimmer von Friedrichs Großeltern. Ohne Zusatztanks an den Flügelspitzen betrug die Spannweite nur 6,68 Meter. Beim alten Thunderstreak-Jagdbomber waren es noch 10,25 Meter gewesen. Der Starfighter, auch liebevoll »Gustav« genannt, war also mehr so etwas wie eine bemannte Rakete. Von vorne gesehen war sein Profil extrem schmal, was bedeutete, dass die Maschinen im Anflug weder optisch noch mit technischen Hilfsmitteln gut auszumachen war. Im Ernstfall würde das ihre Chancen erheblich verbessern. Im Konturenflug verhielt sich der Starfighter sehr stabil, ein zusätzliches Plus für dieses Waffensystem, wie Friedrichs fand.

Inzwischen waren auch die Flugzeugwarte eingetrudelt und beeilten sich, die Vorflugkontrolle abzuwickeln. Es gab erfreulicherweise keine technischen Beanstandungen. Die Piloten trugen ihre Namen ins Bordbuch ein.

»Also, dann wollen wir mal!«, rief Henke zu Friedrichs rüber, dieses Mal mit einem Grinsen im Gesicht. Auch der Hauptmann war der Faszination für den Lockheed-Jet letztlich erlegen.

Friedrichs hob den Daumen und ging dann zum Bug seines Starfighters mit der auflackierten Nummer DA 113.

Na hoffentlich ist das kein böses Omen, dachte er sich halb im Scherz. Er war, im Gegensatz zu manchem Kameraden, zwar nicht abergläubisch, aber man konnte ja nie wissen.

Von der Thunderstreak her war er es gewohnt, von links in die Kanzel zu steigen. Beim Starfighter war das anders. Hier öffnete sich das Kabinendach nach links, weshalb der Pilot von der rechten Seite her einsteigen musste. Der Starfighter war eben ein extravagantes Fluggerät. Friedrichs kletterte die Leiter hinauf und legte den lästigen Fallschirm in die Sitzwanne des C2-Schleudersitzes. Obwohl dieser eine Rettung auch bei niedrigen Höhen und Geschwindigkeiten ermöglichte, kam Friedrichs der Sitz wie ein schlechtes Gesellenstück vor. Bei Starts oder Landungen, den kritischsten Momenten eines Fluges, war der C2 komplett nutzlos … es durfte also ja nichts passieren. Und kam es zum Ausstieg, wirbelte der Sitz oftmals so umher, dass er in den Fallschirm geriet oder gleich den Piloten traf. Friedrichs hoffte, nie mit diesem Ding aussteigen zu müssen.

Mit Hilfe des Technikers schnallte er sich in den Sitz und ließ die Sporen einrasten.

Oberfeldwebel Seidel klopfte Friedrichs auf die Schulter und zeigte ihm die aus dem Schleudersitz gezogenen Sicherheitsstifte. Damit war der Sitz aktiviert und konnte im Notfall ausgelöst werden.

Daraufhin ging Friedrichs die kurze Prüfliste vor dem Anlassen des Triebwerks durch und kontrollierte das Funkgerät.

»Panther Zwo an Panther Eins«, rief Friedrichs seinen Staffelkapitän an. »Hören Sie mich?«

»Panther Eins an Zwo. Höre Sie klar und deutlich.«

»Verstanden.«

»Und ich glaube, ich muss ihrem Kumpel Koenig noch mal ordentlich den Kopf waschen«, brummte Henke im Funkkreis. »Panther Eins out.«

Das ließ Friedrichs unkommentiert, stattdessen gab er dem Techniker das Zeichen zum Anlassen des Triebwerks. Als die kleine Turbine im Bodenaggregat Luft in den Starter zu leiten begann, ertönte ein lautes Zischen, das jeden, der den Startvorgang nicht kannte, zuerst einmal erschreckte. Kurz darauf reagierte die Drehzahlanzeige, der Zeiger bewegte sich langsam. Bei etwa 15 Prozent Leistung wurde die Abgastemperatur angezeigt und stieg dann sehr schnell auf 600 Grad an. Als die Mindestdrehzahl erreicht war, erklang das typische Jaulen der J79-Turbine. Das Triebwerk verbrannte nun etwa zwölf Liter Treibstoff pro Minute.

Friedrichs beobachtete aufmerksam seine Instrumente. Als sich die Treibwerkswerte stabilisiert hatten, gab er der Bodenmannschaft das Zeichen zum Trennen des Druckluftschlauchs und der Außenbordversorgung. Es dauerte weitere fünf Minuten, um in der Parkposition die Steuerung zu überprüfen, dann zeigte der Techniker endlich an, dass alles klar sei.

Seidel beendete seinen Rundgang um die Maschine, trat neben die Kanzel und zeigte Friedrichs die Sicherungsstifte des Fahrwerks. Nun konnte der Pilot es in der Luft einfahren. Am Boden musste es dagegen natürlich gesichert sein, damit sich keine Unfälle ereigneten.

Friedrichs hob beide Daumen und neigte sie nach außen – das Zeichen, die Bremsklötze von den Rädern zu entfernen. Seidel wiederholte das Zeichen und signalisierte dann Bereitschaft.

»Kontrollturm, Panther Zwo, erbitte Freigabe, zur Startbahn zu rollen«, rief Friedrichs über Funk.

Eine Sekunde später war auch Hauptmann Henke zu vernehmen: »Kontrollturm, Panther Eins, erbitte Freigabe, zur Startbahn zu rollen.«

Der Mann im Kontrollturm schien schon auf ihren Ruf gewartet zu haben. »Panther Eins, Panther Zwo, sie haben Freigabe.«

Friedrichs löste die Bremsen, gab geringfügig mehr Schub und schon rollte sein Starfighter aus seiner Parkposition. Links vor ihm befand sich die DA 117 von Hauptmann Henke, die ebenfalls anruckte. Der Oberleutnant achtete auf genug Abstand zu seinem Rottenführer und folgte ihm dann auf den Rollweg. Die Bugradsteuerung war ein echter Fortschritt und erleichterte die Handhabung am Boden enorm. In der alten Thunderstreak musste der Pilot mit den Bremsen steuern, was nicht immer optimal funktionierte, um es mal vorsichtig zu formulieren.

Friedrichs folgte der Maschine des Hauptmanns auf die Startbahn und konnte seine Gustav ohne Probleme neben dem anderen Starfighter zum Stehen bringen.

Beide Piloten schlossen nun ihre Cockpithauben und verriegelten sie mit dem dafür vorgesehenen Hebel.

Nun stand ein Probelauf des Triebwerks an. Friedrichs stellte beide Füße fest auf die Bremsen in den Seitenruderpedalen und erhöhte die Leistung der Turbine auf die erlaubten 85 Prozent. Mehr Schub durfte nicht gegeben werden – das Triebwerk war so leistungsstark, dass es passieren konnte, dass sich die Reifen auf der Felge des Fahrwerks drehten, wenn man den Hebel zu weit nach vorne drückte.

Blieben bei 85 Prozent Schub alle Anzeigen im grünen Bereich, musste der Leistungshebel wieder in den Mindestbereich zurückgezogen werden. Friedrichs spürte, wie sich die Nase seiner F-104G beim Triebwerkstest kräftig nach unten drückte – die Maschine schien den Start kaum noch abwarten zu können. Der Oberleutnant sah nur grüne Anzeigen und reduzierte den Schub wieder.

In der anderen Kanzel zeigte ihm Hauptmann Henke den erhobenen Daumen. Friedrichs erwiderte die Geste.

»Kontrollturm, Panther Eins, klar zum Start«, meldete Henke über Funk.

»Kontrollturm, Panther Zwo, klar zum Start.«

Der Oberleutnant sah durch die vordere Cockpitscheibe die Startbahn hinab.

Gleich würde es losgehen!

»Panther Eins und Zwo, Start freigegeben. Guten Flug!«

Friedrichs erhöhte die Leistung wieder auf 85 Prozent und überprüfte noch einmal alle Anzeigen. Hinter seiner Sauerstoffmaske grinste der Oberleutnant wie ein Honigkuchenpferd. Die J79-Turbine gab ein schrilles Geräusch von sich. Mit der linken Hand schob Friedrichs den Leistungshebel in den maximalen Nachbrennerbereich. Sein Helm wurde gegen die Kopfstütze gepresst und er fühlte die einsetzende Beschleunigung, als hätte ihn ein Pferd in den Hintern getreten. Schon zeigte der Fahrtenmesser 100 Knoten an, also 185 Stundenkilometer. Die Geschwindigkeit steigerte sich enorm schnell. Bei 290 km/h hob Friedrichs die Nase seines Kampfjets an und bei 350 km/h zog er etwas stärker am Steuerknüppel, um abzuheben. Jetzt ging es um Sekunden. Das Fahrwerk musste eingefahren werden, bevor eine Geschwindigkeit von 420 Stundenkilometer erreicht war, sonst bestand die Gefahr, dass es blockierte oder dass die Abdeckungen vom Fahrtwind weggerissen wurden. Der Starfighter erforderte nun einmal eine sehr rasche Handhabung. Im Vergleich dazu war die Steuerung einer Thunderstreaks ein Kindergeburtstag gewesen.

Nachdem das Fahrwerk eingefahren war, zog Friedrichs den Leistungshebel aus der Nachbrennerstellung zurück und orientierte sich an der Maschine des Hauptmanns. Es lag in der Verantwortung eines Flügelmanns, immer die richtige Position an der Seite seines Rottenführers zu halten.

Jetzt, wo sich sein Starfighter in seinem Element bewegte, reagierte er wie ein Vollblut auf jeden sanften Druck des Steuerknüppels. Für Friedrichs war es immer noch ein Wunder, dass sich dieses Rohr mit den kurzen Stummelflügeln so elegant durch die Lüfte steuern ließ.

Laut Flugplan sollten sie zunächst nach Osten und dann an der innerdeutschen Grenze entlang bis zur Ostsee fliegen, dort kehrtmachen und nach Nörvenich zurückkehren. Dabei mussten die Piloten natürlich höllisch aufpassen, nicht in den ostdeutschen Luftraum zu geraten.

Oberleutnant Friedrichs blickte nach rechts. Die DDR. Für viele auch die Ostzone. Im Ernstfall würden er und seine Kameraden jenseits der innerdeutschen Grenze, die sich wie eine Narbe durch seine Heimat zog, verschiedene Ziele anfliegen und angreifen. Der normale Westbürger hatte keine Ahnung, wo sich die

Militärflugplätze von Laage oder Finsterwalde befanden. Für Friedrichs waren diese Orte mit Zielmarkierungen versehene Eintragungen auf seiner Fliegerkarte. Er kannte überhaupt nur wenige Leute, die im Osten Verwandte hatten. Die DDR war für ihn ein unbekanntes Land, fern und fremd wie die Sowjetunion.

»Panther Eins an Panther Zwo, drehen wir etwas nach Backbord ab«, ertönte Henkes Stimme über Funk. »Nicht, dass die Genossen da drüben noch nervös werden.«

»Panther Zwo an Panther Eins, verstanden.«

Die Vorsicht war nicht unbegründet – die Sowjets nahmen westliche Luftraumverletzer für gewöhnlich sofort unter Beschuss. Jeder, der unvorsichtigerweise die Grenze überflog oder einen der drei Luftkorridore nach Berlin verließ, hatte sofort Abfangjäger am Heck. Eine ganze Reihe von Zwischenfällen belegte die sowjetische Nervosität sehr gut. Die Spionageflugzeuge, die von den Amerikanern und Briten immer wieder losgeschickt wurden, um die rote Luftabwehr zu foppen, waren natürlich eher weniger hilfreich, wenn es darum ging, die Spannungen zwischen den Blöcken abzubauen.

Die Küste geriet in Sicht.

»Zeit umzudrehen.«

Ein Blick auf die Treibstoffanzeige bestätigte es, die Tanks waren zur Hälfte leer. Dabei befanden sie sich erst etwas über eine Stunde in der Luft. Die beiden F-104 gingen wieder auf Südkurs. Es war ein schöner Tag zum Fliegen, kaum eine Wolke bedeckte den Himmel. Der Rückflug verlief ohne Zwischenfälle.

»Nörvenich, Flug Panther mit zwei F-104 meldet sich zurück. Erbitten Landeerlaubnis«, rief Henke den Kontrollturm an.

»Flug Panther, Landeerlaubnis erteilt.« Der Mann im Tower rasselte noch die örtlichen Wetterdaten herunter.

Bei etwa 700 Stundenkilometern fuhr Friedrichs die Landeklappen in halber Stellung aus und folgte seinem Rottenführer nach unten. Er begann den Landeanflug bei etwa 600 Stundenkilometern. Er stellte die Klappen auf Landestellung ein. Das Fahrwerk an Henkes Maschine fuhr heraus. Friedrichs betätigte den Hebel, um es seinem Hauptmann gleichzutun. Drei grüne Lichter bestätigten, dass das Fahrwerk eingerastet war. Mit 425 Stundenkilometern näherten sich die beiden Maschinen der Landebahn. Sachte verringerten die Piloten die Geschwindigkeit bis auf 225 km/h. Die Räder des Hauptfahrwerks berührten mit einem

Quietschen den Boden, eine blaue Wolke bildete sich. Nachdem auch das Bugrad aufgesetzt hatte, betätigte Friedrichs den Hebel für den Bremsschirm. Als Flügelmann musste er diesen als erster auslösen. Rechts voraus entfaltete sich nun der Bremsschirm von Henke. Mit mäßigem Wind von vorne reduzierte er die Geschwindigkeit rasch auf unter 100 Stundenkilometer. Dank der Bugradsteuerung hatte der Oberleutnant keine Probleme, seinen Starfighter auf der linken Seite der Piste zu halten. In der Thunderstreak, wo er nur mit den Bremsen des Hauptfahrwerks hatte steuern können, war dies immer ein sehr kritischer Moment gewesen, ganz besonders bei Seitenwind. Im Starfighter war das Rollen am Boden und das Einparken auf der Abstellfläche hingegen ein Kinderspiel. Friedrichs folgte zunächst Henkes Maschine und dann den Signalen des Einweisers, der ihn auf seine vorgesehene Parkposition lotste.

Das Abstellen des Triebwerks und die folgenden Überprüfungen waren unkompliziert und relativ schnell überstanden.

Friedrichs atmete tief durch, entriegelte die Kanzel und klappte die Haube nach links.

Einer der Warte hakte die Leiter ein und Oberfeldwebel Seidel kam zum Cockpit herauf.

»Alles in Ordnung, Herr Oberleutnant?«

»Keine Beanstandungen.«

Seidel freute sich. Dass alles glattgelaufen war, kam dieser Tage selten genug vor. Der Oberfeldwebel steckte die Sicherungsstifte wieder in den Schleudersitz, um ihn zu entschärfen.

Der Pilot öffnete die Sitzgurte, konnte sich mit schweren Fallschirmpaket auf dem Rücken jedoch kaum selbst nach oben stemmen. Der Wart musste mit zugreifen. Friedrichs klinkte die Sporen aus, machte einen großen Schritt über den Kabinenrahmen hinweg und kletterte mühsam die Leiter runter. Mit dem Gewusel an Gurten und dem schweren Paket auf dem Rücken musste er aufpassen, nirgendwo hängen zu bleiben.

Unten angekommen befreite sich Friedrichs vom Fallschirm und schnallte auch gleich die Sporen ab. Diese waren aus Aluminium gefertigt und konnten beim Gehen auf dem Betonboden sehr leicht beschädigt werden. Er blieb noch einen Moment vor seiner Gustav stehen und betrachtete sie eingehend. Das erhitzte Metall knackte und die Maschine strahlte nach dem Flug eine ungeheure Wärme ab.

»Alles in Ordnung, Daniel?«, fragte Hauptmann Henke.

»Alles bestens, Herr Hauptmann.«

»Dann liefern wir mal die Ausrüstung ab und gehen zur Nachbesprechung.«

Henke und Friedrichs lieferten die Helme und Fallschirme beim Flugausrüster ab – gegen Unterschrift, wie immer – und schritten dann zum Einsatzbüro, damit die Flugdaten in ein spezielles Formular eingetragen werden konnten. Die Flugnachbesprechung dauerte knapp eine halbe Stunde.

»Gehen Sie noch mit ins Kasino?«, fragte Hauptmann Henke anschließend.

»Natürlich.«

Jede Staffel unterhielt eine eigene Pilotenküche; dort befand sich der soziale Mittelpunkt der Pilotengemeinde, wo man zusammensitzen und bei einem Bier zum Dienstschluss den Tag noch einmal Revue passieren lassen konnte. Mittags gab dort auch die Verpflegung. Die Küchenchefs hießen Tante Marie und Onkel Jürgen. Letzterer war im Krieg selbst Pilot gewesen und war neben seinen leckeren Schnitzeln auch für seine guten Ratschläge in allen Lebenslagen bekannt. Die meisten der anwesenden Piloten hatten ein Bier vor sich stehen oder eine Zigarette in der Hand. Die Stimmung war gut.

»Setzen wir uns da vorne hin, da sind Kurt und Otto«, schlug Henke vor und Friedrichs folgte ihm zum Tisch mit besagten Kameraden.

»Ah, Hauptmann Henke, unser unerschrockener Staffelchef, und sein Flügelmann sind zurück«, begrüßte sie Oberleutnant Otto Gemersheim fröhlich.

Leutnant Kurt Staake nickte knapp. »Chef. Daniel.«

»Was ist Ihnen denn über die Leber gelaufen, Kurt?«, wollte Henke wissen.

»Ach, wir waren uns nur etwas uneins«, meinte Gemersheim. »Kurt ist der Ansicht, dass die geplante Flugvorführung in zwei Wochen keine gute Idee ist.«

In zwei Wochen war auf dem Flugplatz Nörvenich der erste öffentliche Auftritt des Starfighters geplant. Zum Jahrestag der Aufstellung des Jagdbombergeschwaders 31 Boelcke und der abgeschlossenen Umrüstung des Verbandes auf den Starfighter hatte der Inspekteur der Luftwaffe alles eingeladen, was Rang und Namen hatte. Vertreter aus der Politik, der Wirtschaft und dem

Militär sollten den neuen Wundervogel bestaunen dürfen. General Kammhuber wollte persönlich vor Ort sein.

Es gab jedoch auch Stimmen, die eindringlich vor einer solchen Flugshow warnten. Einer der schärfsten Kritiker war der Leiter des Arbeitsstabs F-104 im Verteidigungsministerium in Bonn, Oberst Günther Rall. Scheinbar war nun auch Staake auf diesen Zug aufgesprungen.

»Ich sage, diese Vorführung ist der pure Wahnsinn«, ließ sich Staake vernehmen. »Mit diesem Vogel kann man doch keinen Kunstflug betreiben, dass sieht doch jeder, der sich die Gustav auch nur ansieht!«

Henke nahm einen Schluck von seinem Bier. »Warum genau?«

Staake beugte sich vor und hielt beide Zeigefinger einige Zentimeter auseinander. »Die Tragflächen sind nun einmal verdammt klein, weshalb die Flächenbelastung sehr hoch ist. Laut Handbuch liegt sie bei 514 kg pro Quadratmeter und das bei normalem Startgewicht. Das immense Gewicht, das auf den Flächen lastet, frisst beim Kurven viel Geschwindigkeit. Deshalb ist die Manövrierfähigkeit unserer Mühlen ja auch eingeschränkt. Und wenn man zu langsam wird, gerät man ins Trudeln, und das mag die Gustav überhaupt nicht.«

Während seiner Umschulung in Arizona hatten er und sein Fluglehrer einen Schubverlust im Triebwerk erlitten. Dabei musste Staake die Erfahrung machen, dass sich die kurzen Stummelflügel des Starfighters so überhaupt nicht für den Gleitflug eigneten. Er und sein Fluglehrer hatten letztlich mit dem Schleudersitz aussteigen müssen. Staake wusste also, wovon er sprach.

»Dagegen kann ich nichts sagen«, meinte Henke. »Aber glauben Sie wirklich, man hätte den Flugtag angesetzt, ohne sich über solche Dinge ernsthafte Gedanken zu machen?«

»Ich glaube, im Moment sind alle so besoffen vor Freude darüber, dass wir die 104 in Dienst gestellt haben, dass da keiner auch nur einen Gedanken dran verschwendet hat.«

Der Einwand war nicht ganz unbegründet, wie Friedrichs fand. Die Begeisterung der Piloten und der höheren Chargen in Luftwaffe und Politik für den Starfighter waren allgemein bekannt.

»Na, na, Kinder, hier wird nicht gestritten«, ging Onkel Jürgen dazwischen. Der hatte sich dem Tisch unbemerkt genähert, um die leeren Gläser einzusammeln. »Ihr kennt die Regeln.«

In Jürgens Kasino gab es feste Regeln, die jeder, unabhängig von seinem Dienstrang, zu befolgen hatte. Eine dieser Regeln lautete, dass man zwar diskutieren, aber nicht streiten durfte.

»Tut mir leid, Jürgen«, sagte Staake angemessen zerknirscht. »Ich halte das nur für keine gute Idee.«

»Mag sein.« Jürgen wischte mit einem Lappen über den Tisch, obwohl dieser wie immer makellos sauber war. »Nach dem, was ich von euch so gehört habe, scheint der Starfighter genauso launisch zu sein wie seinerzeit die 109. Ein hervorragendes Jagdflugzeug, aber wenn man seine Grenzen überschreitet, ist sie ein launisches Biest.«

Für einen Moment hatte Friedrichs das Bild eines zwanzigjährigen Jürgens vor Augen, der sich in der Kanzel seiner Messerschmitt 109 hunderten amerikanischer Bomber entgegenstellte. Er blinzelte und das Bild verschwand wieder.

»Nun, wir werden es erleben«, meinte Henke. »In zwei Wochen sind wir klüger.«

Zwei Wochen später

Die Begeisterung um den Starfighter hatte auch die Idee einer deutschen Kunstflugstaffel entstehen lassen. Andere Länder unterhielten schon lange solche Teams, wie etwa die Thunderbirds der US-Luftwaffe, die Blue Angels der amerikanischen Marineflieger oder die Patrouille de France der Franzosen, um nur einige zu nennen. Die deutsche Luftwaffe verfügte mit der F-104 über das modernste Fluggerät der NATO, da wollte man nicht hintenanstehen. Im Frühjahr hatte der Inspekteur der Luftwaffe seine Genehmigung zur Aufstellung des Kunstflugteams mit dem Namen Starfighters gegeben. Seitdem übten die dafür vorgesehenen Piloten fast täglich ihre Flugmanöver. An diesem Mittwoch sollte die Premiere stattfinden. Die geplanten Flugmanöver würden die Formation, bestehend aus vier Starfightern, über die Grenzen des Flugplatzes hinaustragen, sodass sie für das Publikum zeitweise nicht mehr zu sehen, sondern nur noch zu hören sein würden. Die Zuschauer würden Ferngläser benötigen, um den Manövern überhaupt folgen zu können. Aber davon hatte man ausreichend organisiert, auch die Tribünen für die Zuschauer waren vor der großen Wartungshalle bereits aufgebaut worden und die Soldaten in Nörvenich übten das Marschieren und Antreten.

Oberleutnant Friedrichs und einige seiner Kameraden befanden sich an diesem Nachmittag im Schulungsraum. Auf dem Lehrplan stand Triebwerkskunde, es unterrichtete Major Möller. Sie besprachen die Notverfahren, die bei einem Ausfall der J79 unbedingt einzuhalten waren. Bald war zu hören, wie die Triebwerke von mehreren Starfightern angelassen wurden, und durch die Fenster konnten die Piloten sehen, wie die vier Maschinen des Kunstflugteams zur Startbahn rollten.

Oberleutnant Gemersheim hob die Hand.

»Herr Major, können wir uns nicht die Generalprobe der Starfighters ansehen?«

Dies war ganz im Sinne der anderen Flieger und auch der Major war nicht abgeneigt. Er klappte das Handbuch zu. »In Ordnung. Gehen wir raus.«

Die Gruppe verließ den Raum und ging hinüber zum Wartungshangar. Neben der Tribüne stehend warteten sie darauf, dass die Maschinen endlich starteten.

Einzig Leutnant Staake war nicht begeistert. »Die Wolken hängen ziemlich tief. Nicht gerade ideal.«

»Ach wo, die stehen bei etwa 3.000 Fuß und die Sicht darunter ist gut«, meinte Gemersheim.

Pünktlich um 15:00 Uhr zündete das Kunstflugteam seine Nachbrenner und rollte in Zweierformation los. Als es die Höhe der Tribüne passierte, befanden sich die Starfighter bereits in der Luft. Die Doppelsitzer wurden sonst für die Pilotenausbildung verwendet. Unter lautem Grollen der Triebwerke und dem Jubel der wenigen Zuschauer flitzten die vier Maschinen in den Himmel hinauf. Vorne weg der Führungsflieger und an beiden Flügelspitzen und am Heck die drei anderen Flügelmänner.

Captain John Shoemaker war der Formationsführer. Der erfahrene Fluglehrer gehörte zur US-Luftwaffe und bildete zusammen mit den deutschen Lehrern die neuen Piloten aus.

An seinen beiden Flügeln hingen Friedrichs' alter Freund, Oberleutnant Bernd Koenig, sowie Oberleutnant Harald Graf. Wolfgang Vogt bildete das Schlusslicht der Diamantformation. In der hinteren Position, als sogenannter »Slotman«, blickte er dabei nahezu direkt in das Triebwerk des Führungspiloten und musste stets darauf achten, dass er nicht den Abgasstrahl geriet.

Nach etwa zehn Minuten kamen die vier Flugzeuge in Diamantformation aus westlicher Richtung über den Flugplatz gerauscht.

»Wahnsinn! Das sieht aus, als wären sie alle aneinander gekettet!«, rief einer der Piloten begeistert.

Auf Höhe der Tribüne zündeten alle vier Maschinen ihre Nachbrenner. Den Zuschauern lief es kalt über den Rücken, ehe sie erneut in Hochrufe ausbrachen. Einige hielten sich wegen des infernalischen Lärms die Ohren zu.

Am Ende des Flugplatzes schwenkte die Formation nach links aus, um in einer hochgezogenen Rechtskurve wieder zur Landebahn zurückzukehren. Es war 15:12 Uhr, als die vier silberglänzenden Flugzeuge in die dicke Wolkenschicht eintauchten und aus dem Blickfeld der Beobachter verschwanden.

»Gleich kommt der nächste Überflug«, freute sich Gemersheim. Einige Minuten vergingen.

»Nanu? Wo bleiben die denn?«, wunderte sich einer der Piloten.

Ein Grollen rollte über den Flugplatz. Die Piloten sahen sich erschrocken an. Das waren keine Triebwerksgeräusche! Unruhe kam auf.

»Seht doch! Da!«, rief einer und deutete mit dem Finger nach Osten.

Die entsetzten Blicke folgten dem Fingerzeig. Schwarze Rauchwolken stiegen etwa fünf Kilometer östlich des Flugplatzes auf. Die Situation drehte Friedrichs den Magen um. Seine Knie begannen zu schlottern, als stünden sie unter Strom.

Alarmsirenen heulten los und der in Bereitschaft gehaltene Rettungshubschrauber stieg auf.

»Gott, das darf doch nicht wahr sein«, stammelte Gemersheim fassungslos.

»Alles wieder in den Schulungsraum!«, wies der Major die geschockten Piloten an.

Es war 15 Uhr 20.

Wie betäubt schlurften die Piloten zurück zum Staffelgebäude und versammelten sich im Aufenthaltsraum. Manch einer hatte Schwierigkeiten, seine Gefühle unter Kontrolle zu halten. Mit zitternden Fingern steckten sich einige eine Zigarette an, andere umklammerten ihren Kaffeebecher, als ob dieser ihnen Halt geben könnten.

Wenig später erfuhr die geschockte Gruppe, dass der Flug des Teams Starfighters in der knapp fünf Kilometer entfernten Braunkohlegrube bei Knappsack ein schreckliches Ende gefunden hatte. Keiner der vier Flugzeugführer hatte das Unglück überlebt.

Die Erkenntnis, gute Freunde verloren zu haben, lastete schwer auf den Piloten.

Wie hatte es dazu kommen können? Es musste eine Erklärung für dieses Desaster geben.

Die bedrückende Stille im Raum wurde durch das Eintreten des Kommandeurs jäh unterbrochen. Auch er war auffällig blass.

»Meine Herren.« Die Stimme des Kommandeurs klang irgendwie fremd in Friedrichs Ohren. »Ich bedaure sehr, aber durch die ständigen Anrufe der höheren Dienststellen, der Presse und der Politik bin ich im Moment unabkömmlich. Wer von ihnen mag den Fliegerarzt zur Absturzstelle begleiten?«

Die Piloten zogen den Kopf ein und hofften, dieser bittere Kelch möge an ihnen vorübergehen. Nach kurzem Zögern entschied sich Friedrichs die Hand zu heben. Er wollte nicht einfach herumsitzen und Däumchen drehen. Nicht zuletzt war er es den verunglückten Kameraden schuldig. Er war wie die meisten anderen von der Idee einer Kunstflugstaffel begeistert gewesen und hatte das Vorhaben nach Kräften unterstützt.

»In Ordnung, Friedrichs«, sagte der Kommandeur. »Sonst noch jemand?«

»Hier.« Hauptmann Henke hob die Hand.

»Gut. Der Fliegerarzt wartet draußen auf sie. Ich wünschte wirklich, ich müsste Sie nicht an meiner Stelle dorthin schicken.«

Friedrichs sah in den Augen des Kommandeurs, dass das nicht der Wahrheit entsprach.

Die Absturzstelle zu finden war leicht. Die Rauchsäule stand immer noch über der Braunkohlegrube und die blinkenden Blaulichter der Einsatzfahrzeuge der Feuerwehr und der Polizei wiesen die Richtung. Am Rand der Grube hatten sich bereits zahlreiche Gaffer eingefunden. Die beiden Piloten und der Fliegerarzt, Doktor Groote, mussten sich förmlich an ihnen vorbeidrängen.

»Verdammt noch mal«, sagte Hauptmann Henke leise.

Friedrichs trat neben ihn und sah in die Grube hinunter. Silberne Metallteile und drei nahe beieinander liegende Löcher markierten die Absturzstellen der Formation. Etwa 300 Meter weiter befand sich die Absturzstelle der vierten Maschine.

»Scheint so, als wären Shoemaker, Koenig und Graf in einem sehr steilen Winkel heruntergekommen«, schätzte Henke die Lage ein. »Lediglich Vogt hat als Slotman das Unglück kommen sehen und wohl noch versucht, die Mühle abzufangen. Deshalb liegt seine Absturzstelle etwas weiter weg.«

Der Hauptmann schüttelte ungläubig den Kopf. »Das hätte niemals passieren dürfen.«

Friedrichs stieß einen Grunzlaut aus, erwiderte jedoch nichts. Er betrachtete die Spur aus Trümmerteilen und die Furche, die Koenigs Maschine in den morastigen Boden gerissen hatte. Das grausige Bild des Unglücksorts hatte sich unauslöschlich in sein Hirn gebrannt. Was mochte Wolfgang wohl in seinen letzten Sekunden durch den Kopf gegangen sein, als er erkannte, dass er es nicht schaffen würde?

»Wir müssen unbedingt herausfinden, was hier schiefgelaufen ist«, sagte Hauptmann Henke und schreckte Friedrichs aus seinen Gedanken auf.

»Ja«, gab der Oberleutnant knapp zurück.

Doktor Groote gesellte sich an die Seite der beiden Piloten. »Wie wollen wir das mit den nächsten Angehörigen regeln?«

»Verzeihung?«, fragte Henke nach.

»Das ist nur ein Vorschlag, Hauptmann, mehr nicht«, sagte Groote. »Aber es würde die Dinge für alle etwas erleichtern, wenn jemand die Angehörigen aufsuchen würde, der die Toten kannte.«

»Oh.« Der Blick des Hauptmanns schien sich für einen Moment nach innen zu richten. »Ich verstehe, Doktor. Es wäre für die Angehörigen vermutlich wirklich besser, wenn jemand aus der Staffel anwesend wäre. Danke, Doktor.«

Groote nickte knapp und schritt dann auf eines der Wracks zu, um seine traurige Arbeit aufzunehmen. Feuerwehrleute hatten den Bereich abgesperrt und in Flammen stehende Trümmer gelöscht. Nun galt es, den Tod der Piloten offiziell festzustellen und die Totenscheine auszustellen.

Henke sah Groote einen Moment lang nach, dann drehte er sich zu Friedrichs um.

»Fahren wir zurück, Daniel. Hier können wir doch nichts tun.«

Einige Tage später

Die sterblichen Überreste von Bernd Koenig wurden in seine Heimatstadt zurückgebracht und am nächsten Tag im Familiengrab beigesetzt. Seine Staffelkameraden hatten den Sarg zum Grabe getragen. Freunde und Nachbarn der Witwe hatten ein Büffet im Hause der Koenigs aufgebaut, zu dem sich weitere Trauernde nach dem Gedenkgottesdienst einfanden.

Oberleutnant Daniel Friedrichs hatte sich freiwillig gemeldet, um seinem Freund Bernd auf dessen letzten Weg zu begleiten. Als er mit zwei Staffelkameraden in Uniform beim Haus der Koenigs eintraf, waren beide Straßenseiten voll von parkenden Autos. Er brauchte einige Minuten, um eine Parklücke für seinen VW Käfer zu finden.

»Ich wusste gar nicht, dass Bernd so beliebt war«, merkte Gemersheim an, als sie ausstiegen.

»Er war aktiv in der Gemeinde tätig«, wusste Staake zu berichten. »Und er hat auch irgendwas für die Kirche gemacht.«

»Das wusste ich nicht.«

Friedrichs schloss den Käfer ab. Gemeinsam gingen sie zum Haus der Familie Koenig.

Eine Menge Leute waren bereits anwesend. Die Piloten wurden eingelassen und fanden die Witwe im Wohnzimmer vor. Gerda Koenig war blass und saß benommen in einem großen Ohrensessel. Besucher kondolierten ihr und gingen dann weiter ins Esszimmer, um sich am Buffett gütlich zu tun.

Die drei Luftwaffenoffiziere reihten sich in die Schlange ein.

Während sie Gerda näherkamen, überlegte Friedrichs, was er ihr sagen sollte. Dann war er schon an der Reihe. Er erschrak, als er in ihr graues Gesicht blickte, dann verneigte er sich und ergriff ihre Hand.

»Gerda ...« Mehr brachte er zunächst nicht hervor. Er sah sie an diesem Tag zum ersten Mal, seit er zusammen mit Henke und dem Standortpfarrer die schlimme Nachricht überbracht hatte und sie vor seinen Augen zusammengesunken war.

»Ich kann nicht in Worte fassen ...«, stammelte Friedrichs. »Wenn es irgendetwas gibt, das wir für dich tun können ... lass es uns wissen.«

»Vielen Dank«, antwortete Gerda Koenig tonlos.

Sie hat überhaupt nicht gehört, was ich gesagt habe, erkannte Friedrichs. Verdammt, Bernd, deine Frau hätte Besseres verdient! Friedrichs biss sich auf die Unterlippe. Was sollte nun werden, wo Gerda allein war mit den Zwillingen? Ob die Luftwaffe ihr da helfen konnte?

Friedrichs machte einer älteren Frau Platz, die sich zwischen ihn und seine beiden Kameraden gedrängt hatte, und nun Gerda Koenig innig umarmte. Der Oberleutnant begab sich in die Nähe der offenen Teerassentür. Draußen im Garten konnte er die beiden Töchter von Bernd sehen, die in der kleinen Gartenlaube auf dem Schoss zweier Frauen saßen, von denen sie umsorgt wurden. Weitere Damen umringten die wenige Monate alten Kinder, die noch nicht begreifen konnten, dass sie ohne Vater aufwachsen würden.

Eine der Damen, eine beeindruckende Schwarzhaarige, verließ die Gruppe im Garten und trat ins Wohnzimmer. Sie war modisch gekleidet, eine dunkle Strähne fiel ihr ins Gesicht. Als sie Friedrichs einen kurzen Blick zuwarf, war da so etwas wie Wiedererkennen in ihren braunen Augen. Aber noch bevor er etwas sagen konnte, wurde ihr Blick zornig.

Die ältere Dame hatte sich inzwischen von Gerda gelöst. Gemersheim und Staake erhielten so die Gelegenheit, ihr Mitgefühl zu bekunden, aber Gerda Koenig war in Gedanken ganz woanders.

»Herrgott noch mal!«, rief die Schwarzhaarige wütend aus. »Lassen Sie Gerda einfach in Frieden!«

»Verzeihung?« Gemersheim und Staake waren wegen der ihnen entgegenschlagenden Feindseligkeit völlig verwirrt.

»Gerda steht unter Beruhigungsmitteln. Sie war völlig außer sich, als sie vom Tod ihres Mannes erfahren hat! Und das Letzte, was sie jetzt gebrauchen kann, sind weitere Uniformträger um sich!«

Sie wirbelte herum und tippte dem nicht minder verdatterten Friedrichs mit dem Zeigefinger anklagend gegen die Brust. »Daniel, schaff diese Leute raus! Am besten, du verschwindest ebenfalls!«

Die Schwarzhaarige legte eine Hand auf Friedrichs Rücken und schob ihn in Richtung Tür. Mechanisch setzte der Oberleutnant einen Fuß vor den anderen. Aus einem Reflex heraus setzten sich Gemersheim und Staake ebenfalls in Bewegung. Einen

Augenblick später standen sie vor der Tür, die krachend hinter ihnen ins Schloss geworfen wurde.

»Meine Güte«, brachte Gemersheim hervor. »Was hatte das denn zu bedeuten?«

»Ich habe nicht die leiseste Ahnung«, gab Staake zurück und fasste Friedrichs scharf ins Auge. »Wer war diese Frau?«

»Was fragst du mich das?«

»Na, Sie schien dich doch zu kennen, oder nicht?«

Friedrichs hob in einer hilflos wirkenden Geste die Arme. »Ich wüsste nicht, woher die mich kennen sollte.«

Staake fixierte seinen Freund und Kameraden noch einige Sekunden lang, dann nickte er. »Gut, ich will dir das glauben. Für einen Moment dachte ich schon, sie wäre so sauer, weil sie eine deiner Ex-Freundinnen ist.«

»Auf keinen Fall«, protestierte Friedrichs heftig. »An diese Frau würde ich mich garantiert erinnern.«

»Besser wäre es auf jeden Fall für dich«, merkte Gemersheim an. »Ich glaube kaum, dass diese Drachenlady dir so was durchgehen lassen würde.«

Friedrichs wusste nicht, was er darauf erwidern sollte. Der Tod Koenigs wühlte ihn noch immer auf.

Staake erlöste ihn schließlich. »Ach, was soll´s? Ich könnte jetzt einen kräftigen Schluck gebrauchen. Kommt, wir suchen uns eine Theke und heben einen auf Bernd. Oder auch zwei oder drei.«

Sie stiegen in den Käfer und fuhren los.

Bei Eisenach, Grenzgebiet BRD–DDR, einige Wochen später

Kapitänleutnant Harald Winkler gähnte hinter seiner Sauerstoffmaske. Er war erschöpft. Der lange Flug hatte einen erheblichen Teil seiner Kräfte aufgezehrt. Gestartet war der Marineflieger vor langen Stunden an der südlichen Spitze der Iberischen Halbinsel. Im Rahmen einer Navigationsübung sollte Winkler von Gibraltar aus zu seinem Fliegerhorst Jaegel in Schleswig-Holstein zurückkehren. Dort befand sich der Flugplatz seiner Stammeinheit, dem Marinefliegergeschwader 1. Zuvor hatte der Pilot im Mittelmeer an einer Übung mit dem amerikanischen Flugzeugträger USS Saratoga teilgenommen.

Der Kapitänleutnant flog eine in Großbritannien hergestellte Hawker Sea Hawk Mk 101. Das einstrahlige Kampfflugzeug kam bei der Bundesmarine als Abfangjäger, Jagdbomber und Aufklärer zum Einsatz. Für den langen Flug war die Sea Hawk mit drei Zusatztank unter den Flächen ausgestattet worden. An der vierten Außenstation führte Winkler einen externen Behälter für Aufklärungsmittel mit. Doch Aufnahmen konnte der Kapitänleutnant nicht machen, ganz Deutschland lag unter einer dichten Wolkendecke.

Winkler kontrollierte seine Karte. Unter ihm musste Hessen liegen. Er betrachtete besorgt seine Instrumente. In 11.000 Meter Höhe wehte ein sehr kräftiger Westwind und der Pilot befürchtete, dass dieser Wind ihn zu weit nach Osten abgetrieben haben könnte. Winkler korrigierte seinen Kurs ein wenig nach Westen.

Doch seine Maßnahme kam zu spät, der Wind hatte ihn bei Eisenach tatsächlich über die innerdeutsche Grenze geschoben.

Die sowjetische Luftverteidigung hatte den Anflug des Eindringlings verfolgt und sofort Abfangjäger auf ihn angesetzt. MiG-21 entdeckten den Eindringling binnen Minuten und identifizierten ihn als westdeutsches Flugzeug.

»Leitstelle, hier Golf Sieben«, rief der Pilot der ersten MiG-21 die Bodenstation. »Eindringling identifiziert. Ein westdeutscher Sea Hawk-Jäger. Erbitten Anweisungen.«

»Leitstelle an Golf Sieben, bitte warten.«

Die Zeit drängte. Auf dem Radar war zu verfolgen, wie der Eindringling seinen Kurs änderte, um sich in Richtung Westen davonzustehlen.

»Leitstelle an Golf Sieben«, erklang die Stimme des Einsatzleiters über Funk. »Abschussbefehl! Ich wiederhole: Abschussbefehl!«

»Golf Sieben an Leitstelle. Bestätige.«

Die beiden MiG-21 beschleunigten und setzten sich hinter die Sea Hawk. Beide sowjetische Piloten feuerten mehrere kurze Salven aus ihren Bordkanonen auf den Eindringling ab.

Kapitänleutnant Winkler vernahm einen metallischen Schlag und spürte, wie der Rumpf seiner Maschine erzitterte. Alarmsignale schrillten durch seine Kanzel, rot leuchtende Lampen zeigten ihm einen schweren Schaden in der Hydraulik an. Winkler reduzierte den Schub und senkte die Nase der Maschine nach unten.

Die beiden sowjetischen Flieger sahen nur, wie eine weiße Wolke aus hydraulischer Flüssigkeit aus dem Rumpf der Sea Hawk austrat und wie der West-Jäger dann nach unten in die Wolkendecke glitt.

»Leitstelle, hier Golf Sieben!«, meldete sich der erste Pilot aufgeregt. »Eindringling getroffen! Er brennt und geht runter!«

»Golf Sieben, hier Leitstelle. Bestätigen Abschuss.«

Doch Harald Winkler war nicht abgestürzt – zumindest noch nicht. Mit großer Mühe gelang es ihm, die bockende Maschine unter Kontrolle zu halten.

»Mayday. Mayday. Mayday.« Über Funk erklärte der Kapitänleutnant seine Notlage.

Der Jägerleitoffizier in der Bodenstation rief per Telefon die Marinefliegertruppe an. Man kam überein, Winkler nicht nach Fritzlar, sondern nach Bremen zu leiten, wo Focke-Wulf ansässig war. Das Werk war schließlich für die Instandhaltungsarbeiten an den Sea Hawk der Bundesmarine zuständig, also erschien dieses Vorgehen sinnvoll.

Im Anflug auf Bremen musste Winkler jedoch feststellen, dass er das Fahrwerk weder hydraulisch noch elektrisch oder per Handkurbel ausfahren konnte. Sein Flugzeug war offenbar stärker beschädigt, als er zunächst angenommen hatte.

Um den zivilen Flugbetrieb in Bremen nicht durch ein auf der Landebahn havariertes Flugzeug zum Erliegen zu bringen, wurde Winkler eine Bauchlandung auf dem nahegelegenen Flugplatz Ahlhorn nahegelegt.

Der Aufseher im Kontrollturm griff zum Telefonhörer und alarmierte den gesamten Flugplatz. »Eine Sea Hawk der Marine befindet sich im Landeanflug!«

»Was macht der denn hier?«, wunderte sich sein Gesprächspartner.

»Es handelt sich um einen Notfall. Der Pilot hat die Hydraulik verloren und bekommt das Fahrwerk nicht raus!«

»Verstanden. Die Feuerwehr rückt aus.«

Die Flugplatzfeuerwehr legte einen Schaumteppich auf die Landebahn. Rettungsfahrzeuge säumten die Betonpiste. Jeder, der gerade nicht beschäftigt war, fand sich in sicherer Entfernung ein, um das Spektakel zu verfolgen.

Kapitänleutnant Winkler legte auf der eingeschäumten Bahn eine erstklassige Bauchlandung hin. Unverletzt stieg er aus der

Kanzel, noch bevor die ersten Rettungskräfte seine Sea Hawk erreichten.

Gemeinsam sahen sich alle den bruchgelandeten Vogel an und machten bald große Augen – siebzehn Einschusslöcher im Rumpf legten eindeutig Zeugnis ab über den Grund für den Hydraulikausfall.

»Mensch, du wurdest beschossen!«

»Ist nicht wahr …« Winkler war fassungslos. Er war bisher von technischem Versagen ausgegangen. Die sowjetischen Abfangjäger hatte er nicht einmal bemerkt!

Die Sea Hawk wurde in einen Hangar geschleppt. Spezialisten machten sich am Aufklärungsbehälter zu schaffen und transportierten ihn noch am Abend ab.

Der Vorfall war für alle Beteiligten glimpflich ausgegangen, jedoch zog er unmittelbare Konsequenzen nach sich.

Es war bekannt, dass die Sowjets und ihre Verbündeten bei Grenzverletzungen durch westliche Flugzeuge sofort scharf schossen.

Im umgekehrten Fall waren die Amerikaner und Engländer für Eindringlinge aus dem Osten zuständig, denn die Kontrolle des westdeutschen Luftraumes unterlag alliierter Aufsicht. Die NATO-Verbände geleiteten die Flugzeuge des Warschauer Pakts in der Regel bis zurück bis zur Grenze, ohne das Feuer zu eröffnen.

Grenzverletzungen wurden im Osten in schnöder Regelmäßigkeit von der Propaganda ausgeschlachtet, um vor den aggressiven Kapitalisten aus dem Westen zu warnen.

In den westlichen Medien wurden Grenzverletzungen durch den Warschauer Pakt ebenfalls als Bedrohung gewertet, auch wenn es sich oftmals schlicht um Fehler der örtlichen Radarleitstellen handelte.

Oftmals lag der Grund auch in der geringen Erfahrung der Piloten in Ost und West.

Um solchen Vorfällen in Zukunft vorzubeugen, wurde die Air Defence Identification Zone – kurz ADIZ – geschaffen. Die ADIZ und eine westlich davon eingerichtete Pufferzone lag nun wie ein 80 Kilometer breites Handtuch zwischen der Bundesrepublik und der DDR. Sie reichte von der Ostsee im Norden bis zur österreichischen Grenze im Süden und erstreckte sich westlich der Zonengrenze auf bundesdeutsches Gebiet. Innerhalb der Flugüberwachungszone unterlagen die Bewegungen sämtlicher

Luftfahrzeuge strikter Kontrolle und die Besatzungen waren angewiesen, ständig die Notfrequenz abzuhören. Sobald sich eine Maschine der AIDZ näherte, wurde ein Codewort gesendet, welches die Besatzung dazu aufforderte, auf Westkurs zu gehen.

Mit dieser Maßnahme war Himmel über dem geteilten Deutschland wieder ein Stück kleiner geworden.

Flugplatz Nörvenich, einen Monat später

Oberleutnant Friedrichs streifte den Fliegeranzug über, zog den Bauch ein und schloss den Reißverschluss. Dann sog er Luft ein, hielt den Atem an und bückte sich, um auch die Reißverschlüsse der Beinüberzüge zuzuziehen. Diese kleine Prozedur reichte oftmals aus, um unbedarfte Kameraden während der ersten Tage der Flugschule den Atem zu rauben. Doch man gewöhnte sich daran und es war vermutlich nicht schlimmer, als es für eine Frau sein musste, sich in ein Korsett zu zwängen.

Dieser Gedankengang brachte Friedrichs erneut zurück auf die Schwarzhaarige, die ihn bei der Trauerfeier für Bernd Koenig rausgeworfen hatte. Friedrichs hatte sich tagelang das Hirn zermartert, doch ihm war nicht eingefallen, woher die Frau ihn kennen könnte. Irgendwann hatte er es aufgegeben und sie aus seinen Überlegungen gestrichen. Jedenfalls versuchte er das. Die junge Frau hatte ihn tief beeindruckt.

Friedrichs legte die Gurte am Oberkörper an, die als Geschirr für den Fallschirm dienten. Blieb zu hoffen, dass es niemals nötig werden würde, per Schleudersitz auszusteigen …

Die Gedanken des Luftwaffenoffiziers wanderten weiter. Der Unterausschuss zum Absturz des Kunstflugteams tagte noch immer, versuchte herauszufinden, wie es zu der schrecklichen Tragödie hatte kommen können. Man ging vorläufig davon aus, dass Verbandsführer Shoemaker, vermutlich aufgrund von Desorientierung in den Wolken, die Formation in eine zu steile Abwärtsbewegung gebracht hatte. Aus dieser Bewegung heraus war ein rechtzeitiges Abfangen nicht mehr möglich gewesen. Es war müßig, weiter zu spekulieren, bevor der endgültige Abschlussbericht vorlag. Dennoch hatte man bei der Luftwaffenführung sofort reagiert und sämtliche Kunstflugvorführungen mit dem Starfighter verboten.

Der Zwischenfall vom August, bei dem eine Sea Hawk durch Kampfflugzeuge aus dem Osten beschossen worden war, hatte jedoch klar gemacht, dass die im Dienst stehenden Flugzeugmuster der Luftwaffe und Marine veraltet waren. Sie mussten so schnell wie möglich durch den modernen Starfighter ersetzt werden. Deswegen wurde die Einführung des neuen Musters auch weiter mit Hochdruck vorangetrieben.

Friedrichs sah dem mit mulmigem Gefühl entgegen. Der Tod von Bernd hatte ihn nachhaltig bestürzt.

War wirklich allein menschliches Versagen für das Unglück verantwortlich? Alle vier waren erfahrene Piloten gewesen, die ihr Handwerk verstanden.

Musste die Tauglichkeit des Starfighters grundsätzlich hinterfragt werden?

Friedrichs schüttelte diese Frage rasch ab. Er nahm seinen Helm, in dem die Sporen lagen, klemmte sich seine Flugunterlagen unter den Arm und machte sich auf den Weg zur Vorflugbesprechung. Dort traf er auf Oberleutnant Gemersheim und Leutnant Staake.

»Guten Morgen.«

»Morgen, Daniel.«

Sekunden später trafen die Leutnants Lutz Hoppe und Edgar Baensch ein. Hoppe war für den heutigen Übungsflug als vierter Mann des Schwarms eingeteilt worden war.

»Morgen zusammen.«

»Morgen, Lutz. Edgar. Und, habt ihr euch schon eingewöhnt?«, fragte Gemersheim.

Hoppe und Baensch waren mit dem letzten Schwung Piloten frisch von der Ausbildung in Arizona eingetroffen und hatten gerade einmal um die einhundert Flugstunden auf dem Starfighter abgeleistet.

»Es geht so, denke ich«, gab Hoppe zurück.

Sie alle konnten sich noch gut an die Schwierigkeiten erinnern, die sie selber mit der Umstellung gehabt hatten. Es war ein riesiger Unterschied, ob man unter dem azurblauen Himmel über die Wüste von Arizona hinwegraste, oder in Europa in einer vier Kilometer dicken Regenwolke seinen Fliegerhorst suchte, womöglich noch bei Regen und unberechenbarem Seitenwind.

Die Männer brachten die Vorflugbesprechung hinter sich und gingen zu ihren Maschinen hinaus. Leichter Nieselregen fiel aus den grauen Wolken und reduzierte die Sicht auf weniger als drei Kilometer.

»Über den Wolken wartet der Sonnenschein auf uns,« lachte Gemersheim.

Friedrichs grinste und zeigte ihm den hochgereckten Daumen. Zusammen mit dem Wart Seidel vollführte er den Rundgang um die Maschine, unterschrieb und stieg dann ins Cockpit. Gurte, Fallschirm, Sporen, alles an Ort und Stelle und angelegt beziehungsweise eingerastet. Friedrichs setzte den gepolsterten Kopfschutz auf, danach den harten Helm. Er steckte die Anschlüsse für Sauerstoffmaske und Funkgerät in die vorgesehenen Buchsen und gab Seidel ein Signal. Der Oberfeldwebel klopfte Friedrichs auf die Schulter und zeigte ihm die Sicherheitsstifte des Schleudersitzes. Sie beendeten die letzten Checks und der Oberleutnant aktivierte sein Funkgerät.

»Panther Zwo an Panther Eins. Funkcheck.«

Gemersheim, der an diesem Tag ihren Schwarm anführte, antwortete sofort: »Panther Eins an Zwo. Check.«

»Panther Drei. Funkcheck«, meldete sich auch Staake.

»Eins an Drei. Check.«

»Vier an Eins. Funkcheck.«

»Eins an Vier. Check. Auf die Abstände achten, wenn wir in Formation starten«, erinnerte sie Gemersheim.

Die J79-Triebwerke heulten auf und die vier Starfighter bewegten sich nacheinander zur Startbahn. Gemersheim und Friedrichs bildeten das erste Paar, hinter ihnen rollten Staake und Hoppe in Position.

»Pantherflug, Triebwerkstest.«

Alle vier Piloten überprüften ihr Triebwerk, erhöhten die Leistung auf 85 Prozent und sahen grüne Lampen vor sich. Doch bei Hoppe flackerte die Kontrollanzeige.

»Panther Eins. Startklar.«

Leutnant Hoppe runzelte die Stirn. Diese spezielle Lampe wies auf einen zu niedrigen Öldruck hin. Doch das konnte nicht stimmen. Hoppe hatte neben dem Wart gestanden, als dieser mit dem Messstab den Ölstand überprüft hatte.

»Panther Zwo. Startklar.«

Manchmal gab es kleinere Probleme mit den Anzeigen, eine Fehlfunktion, ein Kurzschluss im elektrischen System. Nichts Wildes also.

»Panther Drei. Startklar.«

Hoppe klopfte mit dem Knöchel gegen das Instrumentenbrett und die Lampe sprang auf grün um. Zufrieden seufzte er auf. Er hätte den Start nur ungern abgebrochen, er brauchte dringend Flugstunden.

»Panther Vier. Startklar.«

»Kontrollturm, Pantherflug ist klar zum Start«, meldete Gemersheim.

»Kontrollturm, Pantherflug, Start freigegeben. Guten Flug!«

Gemersheim erhöhte die Leistung wieder auf 85 Prozent und überprüfte noch einmal alle Anzeigen. »Pantherflug, Formationsstart.«

Auf seinen Befehl hin lösten er und Friedrichs die Bremsen und brausten unter dem Donner ihres Triebwerks über die Startbahn. Sekunden später folgten ihnen auch Staake und Hoppe.

Leutnant Hoppe beobachtete konzentriert seinen Fahrtmesser. Der Nachbrenner zündete einwandfrei. Doch nur Sekunden später verlor das J79-Triebwerk erheblich an Leistung. Erschrocken starrte Hoppe auf die Anzeigen.

Vor seiner Nase stiegen die ersten beiden Maschinen bereits in den Himmel auf und links vor ihm wurde der Vorsprung von Staake immer größer, denn der Schubverlust in seinem Triebwerk machte sich nun deutlich bemerkbar. Doch während sein Flügelmann mit 330 Stundenkilometer abhob, klebte Hoppe immer noch am Boden fest.

Es musste doch gehen!

Er zog leicht am Steuerknüppel und die Nase der F-104 hob sich. Erleichterung durchströmte Hoppe und er fuhr rasch Fahrwerk und Startklappen ein. Doch das Einfahren der Klappen reduzierte den Auftrieb der Maschine, die sich gerade so am Rande ihrer Mindestfluggeschwindigkeit bewegte.

Alarmsignale plärrten los, Warnlichter wiesen den Piloten auf seine Notlage hin. Der Starfighter hatte nicht genügend Fahrt, um sich weiterhin in der Luft zu halten. Die Nase der Maschine senkte sich und wies wieder auf den Erdboden. Hoppe versuchte, den Bug wieder nach oben zu zwingen, doch es war zu spät.

Die vollgetankte Maschine prallte auf dem Boden auf, die Außentanks wurden von den Flügelspitzen abgerissen, und dann bohrte sich die F-104 in den Erdwall hinter der Startbahn.

Flammen loderten hoch.

»Oh Scheiße!«, entfuhr es dem Mann im Kontrollturm, der den Start durch sein Fernglas beobachtet hatte. »Crash! Crash am Ende der Startbahn!«

Er hieb auf die Sendetaste seines Funkgerätes. »Pantherflug, ihre Nummer Vier ist abgestürzt!«

»Was!?!« Gemersheim konnte es kaum fassen. »Zwo, bleib bei mir!«

»Zwo, verstanden.«

Der Oberleutnant drehte um und überflog mit Friedrichs den Flugplatz.

Da! Am Ende der Startbahn: Rauch, Feuer und verstreute Metallteile.

»Verfluchte Scheiße! Hoppe!«

Rettungswagen und die Flugplatzfeuerwehr rasten mit blinkendem Blaulicht auf die Unglücksstelle zu. Doch Gemersheim wusste bereits, dass sie seinem Kameraden nicht mehr helfen konnten.

Die Stimmung im Geschwader war niedergeschlagen. Nach Dienstschluss saßen die Piloten im Kasino bei Onkel Jürgen und diskutierten bei reichlich Bier über den Absturz.

»Hoppe hatte nur rund einhundert Flugstunden auf dem Starfighter«, meinte Oberleutnant Dieter Suhr vom Nebentisch aus. »Vielleicht war es ja die mangelnde Erfahrung?«

»Wir alle haben auch nicht viel mehr Stunden aufzuweisen«, entgegnete Gemersheim. »Im Durchschnitt liegen wir bei 180.«

»Der Tower sagte, dass seine Maschine plötzlich langsamer geworden sei, als der Nachbrenner aus ging. Vielleicht ist die Schubdüse mal wieder ausgefallen«, spekulierte Staake. Damit bezog sich der Leutnant auf die verstellbare Schubdüse am Ende des Triebwerks. Wenn sich diese Düse voll öffnete, nahm die Schubleistung ab und der Nachbrenner fiel aus. Diese Problematik war ihm bestens bekannt, denn während der Ausbildung hatte sie ihm einen Ausflug im Schleudersitz beschert.

»Und ohne den Nachbrenner erreicht die F-104 die Startgeschwindigkeit nicht«, folgerte Friedrichs.

»Stimmt schon«, räumte Suhr ein. »Aber dafür gibt es doch die Notverfahren. Und die beten wir täglich runter.«

Für jeden unvorhergesehen Notfall gab es spezielle Notverfahren – die sogenannten Emergency Procedures. So auch für einen

Nachbrennerausfall während des Startvorgangs. Die Emergency Procedures wurden täglich durchgesprochen. Hätte der Chef einen seiner Piloten des Nachts aufgeweckt, er würde diese Verfahren auswendig aufsagen können. In diesem Fall wäre der Startabbruch die richtige Entscheidung gewesen.

Friedrichs schüttelte den Kopf. »Wir haben nicht mit Hoppe in der Kanzel gesessen. Wir wissen nicht, warum er so und nicht anders entschieden hat.«

Und fragen konnte den jungen Leutnant niemand mehr. Schweigend schauten die Flieger in ihre Biergläser.

Hauptmann Henke betrat das Kasino, bestellte ein kühles Blondes und setzte sich zu Gemersheim, Staake und Friedrichs an den Tisch.

»Hauptmann«, begrüßten die drei Männer ihren Staffelchef.

»Jungs.« Henke nippte an seinem Bier, dass ihm Jürgen soeben serviert hatte.

»Gibt es schon etwas Neues über … den Unfall?«, fragte Staake vorsichtig.

»Nicht viel.« Henke drehte das Glas in seinen Händen. »Es scheint eindeutig, dass Hoppe den Start hätte abbrechen müssen. Pilot´s error, sagen sie.«

Wich ein Pilot während eines Notfalls von den vorgeschriebenen Verfahren ab, weil es die Umstände erforderten – oder weil er tatsächlich falsch reagierte – fiel der Fehler automatisch auf den Piloten zurück. Pilot´s error – Pilotenfehler, hieß es dann.

»Die Flüge gehen normal weiter«, verkündete Henke noch.

Friedrichs leerte sein Bierglas mit einem letzten Schluck und erhob sich. »Ich bin dann mal weg. Bis morgen.«

»Bis morgen, Daniel.«

Friedrichs ging nach draußen und steckte sich vor dem Kasino eine Zigarette in den Mund, zündete sie jedoch nicht an. Natürlich gingen die Flüge morgen Früh weiter. Denn unter Piloten gab es ein ungeschriebenes Gesetz: Nach einem Unfall musst du sofort wieder ins Flugzeug steigen. Alles andere bringt Unglück.

Etwas Laufen wird mir jetzt guttun, dachte Friedrichs bei sich und stopfte die Zigarette zurück in die Packung. Dann steckte er die Hände in die Taschen seiner Fliegerjacke und stapfte zum Quartier für ledige Offiziere rüber.

Einige Minuten später schloss er seine Stubentür auf, trat ein und schloss wieder ab. Er hängte seine Lederjacke in den Schrank und setzte sich in den Sessel neben dem Fenster. Er angelte gerade nach dem Playboy, dessen neuste Ausgabe oben auf dem kleinen Klapptisch lag, als das Telefon klingelte.

»Oberleutnant Friedrichs.«

»Daniel, hier ist Caroline Wegener.«

Wer ist das?, fragte sich Friedrichs. »Hallo, Caroline Wegener.«

»Ich möchte mich bei dir entschuldigen, weil ich so unfreundlich zu dir und deinen Kameraden gewesen bin.«

Ich habe diese reizvolle Stimme doch schon mal gehört, überlegte Friedrichs. Wer ist das? An diese Frau sollte ich mich erinnern.

»Entschuldigung, aber wie war das?«

»Ich sagte, ich will mich entschuldigen ...«, begann Caroline Wegener, ehe sie sich selbst unterbrach. »Du hast keine Ahnung, wer hier spricht, oder?«

Tja, ertappt, dachte sich Friedrichs. »Ich muss mich entschuldigen«, sagte er.

Caroline Wegener lachte und der Klang ihres Lachens gefiel ihm. »Die Drachenlady. Ich habe gehört, was dein Kamerad zu dir gesagt hat, nachdem ich euch von Bernds Totenfeier vertrieben habe.«

Das ist die atemberaubende Schwarzhaarige, die mich so merkwürdig angesehen hat!, erkannte Friedrichs aufgeregt.

»Du erinnerst dich immer noch nicht, Daniel?«, bohrte sie nach. »Ich bin Frau Wegener. Albert Wegeners Witwe.«

Friedrichs wäre vor Überraschung fast der Hörer aus der Hand gerutscht. Vor seinem geistigen Auge sah er Leutnant Albert Wegener, ein guter Kamerad seit den ersten Tagen der fliegerischen Grundausbildung. Ein stämmiger, immer fröhlicher Rheinländer, der später zu einem seiner besten Freunde geworden war. Er erinnerte er sich an die Hochzeit, es war wie im Bilderbuch gewesen. Caroline Wegener, nicht die elegante Drachenlady, sondern eine süße, junge Frau, die sich liebevoll an ihren Albert geklammert hatte. Er hatte sie da zum ersten Mal gesehen, und danach nie wieder, bis ... und dann kam ihm die Erinnerung an den Unfall. Es musste jetzt drei Jahre her sein. Bei einer Tiefflugübung hatte Alberts Thunderstreak einen Vogelschwarm eingesaugt. Das Triebwerk des alten Republic-Jagdbombers hatte sich förmlich in seine Bestandteile zerlegt. Albert setzte einen Notruf ab und steuerte die Maschine über unbewohntes Gebiet. Als er endlich hätte aussteigen können, ohne Leben am Boden zu gefährden, war er bereits zu tief. Er versuchte es trotzdem mit dem Schleudersitz, aber sein Fallschirm konnte sich nicht mehr rechtzeitig öffnen.

»Oh Gott, Caroline, es tut mir leid, ich habe dich wirklich nicht erkannt«, stieß Friedrichs betroffen hervor.

»Es ist ja auch schon eine Weile her. Als wir uns das letzte Mal gesehen haben, war unser Robert noch ganz klein, jetzt ist er schon vier.« Sie schwieg einen Moment. »Ich hätte schon viel früher anrufen müssen, aber … nun, du weißt ja, wie das manchmal ist. Als ich dann heute erfahren habe, dass erneut ein Pilot eurer Staffel abgestürzt ist, wollte ich das unbedingt nachholen.«

»Ja, das verstehe ich natürlich«, versicherte ihr Friedrichs. Er war noch immer völlig baff, zu keinem klaren Gedankengang imstande.

So schwiegen sie einen Augenblick. Dann sagte sie: »Also, ich wollte mich nur entschuldigen, und das habe ich jetzt. Also …«

»Moment!«, rief Friedrichs. »Leg noch nicht auf!«

Erneut gab es eine lange, unangenehme Pause. »Warum?«, wollte sie dann wissen.

»Ich möchte dich gerne treffen und mit dir reden, Caroline«, sagte Friedrichs.

»Daniel … ich weiß nicht, ob ich das möchte.«

Als er ihr eine Erwiderung schuldig blieb, fügte sie rasch hinzu: »Jedenfalls nicht heute. Wir würden über Albert reden, und nachdem, was heute geschehen ist, möchte ich das lieber nicht.«

»Das verstehe ich.«

Es folgte eine weitere lange Pause. Doch dieses Mal fühlte es sich nicht so unangenehm an wie zuvor.

»Ich … ich werde mich wieder bei dir melden. Ich meine, wenn ich bereit bin, mich mit dir zu unterhalten,« sagte sie schließlich und klang den Tränen nahe.

»Versprochen?«, fragte Friedrichs. »Du wirst wirklich anrufen?«

»Ich verspreche es.«

»Das freut mich.«

»Ja,« sagte sie. »Mich auch. Ich rufe dich an. Bis bald.«

Dann war die Leitung tot.

Friedrichs legte den Hörer auf die Gabel.

Hat sie jetzt so schnell aufgelegt, weil sie das Versprechen wieder zurücknehmen wollte? Oder weil sie drauf und dran war, mich ohne Umschweife einzuladen?

Einige Tage später

»Kontrollturm, Flug Corvette mit vier Maschinen ist bereit zum Start«, meldete Hauptmann Henke dem Tower. Für den heutigen Tag hatte man amerikanische Automarken als Rufzeichen festgelegt, ein kleiner Scherz des Operationsoffiziers.

»Flug Corvette, hier Kontrollturm«, antwortete der Controller im Turm. »Sie sind freigegeben zum Start.«

»Verstanden, Kontrollturm. Flug Corvette, wir starten.«

»Corvette Zwo, verstanden,« sagte Oberleutnant Friedrichs.

»Corvette Drei, habe verstanden.« Das war Oberleutnant Gemersheim.

»Corvette Vier, roger«, meldete Leutnant Staake als letzter Pilot des Schwarms.

Friedrichs beobachtete fokussiert den Fahrtmesser, bevor er die Maschine hochzog. Nach dem Abheben betätigte er den Hebel und das Fahrwerk wurde eingezogen. Bei 1.000 Fuß über Grund fuhr er die Klappen ein und erlaubte sich einen Blick nach beiden Seiten. Es war ein klarer Tag, die Luft frei von Feuchtigkeit, die Sonne stand hoch am Nachmittagshimmel. Friedrichs achtete darauf, der rechten Tragflächen von Hauptmann Henke nicht näher als acht Meter zu kommen. Die kurzen Flügel des Starfighters erlaubten sehr enge Formationsflüge, aber wenn der Abstand zu gering wurde, bestand die Gefahr, dass der Luftstrom die zweite Maschine noch näher heran sog. Steuerte man dann nicht sofort gegen, konnte es zu einer Kollision kommen.

»Schwenk nach links,« ordnete Henke über Sprechfunk an und brachte die Rotte auf einen neuen Kurs. Sie befanden sich noch im Steigflug. Auf 15.000 Fuß wartete sie auf Gemersheim und Staake, die rasch aufschlossen.

»Dann mal auf zum Übungsgebiet«, sagte Henke über Funk durch.

In Formation flogen die vier Starfighter nach Norden. Zwischen Siegenburg und Sylt waren zahlreiche Schießplätze eingerichtet worden, weitere sogenannte Shooting-Ranges befanden sich in den Nachbarländern.

Die Waffenbeladung bestand heute aus einem SUU 21-Behälter unter dem Rumpf, der sechs blaue DM18-Übungsbomben enthielt, sowie 725 Schuss Munition für die 20-Millimeter-Bordkanone. An den Flügelspitzen hingen die üblichen Tip-Tanks.

Die vier Maschinen erreichten die Range ohne Zwischenfälle. Jeder Schießplatz verfügte über einen eigenen Kontrollturm und diverse Ziele. Es gab große Kreise für die Übungsbomben, rechteckige Leinwände für das Kanonenschießen und manchmal auch ausrangierte Lastwagen als Ziel für die ungelenkten Raketen vom Kaliber 70-Millimeter.

Henke meldete sich beim Kontrollturm. »Flug Corvette mit vier Starfighter ruft Kontrollturm Ford. Sind noch fünf Minuten entfernt und erbitten Anweisungen.«

»Flug Corvette, hier Ford. Sie sind zum Einflug ins Übungsgebiet freigegeben.«

Der Lotse rasselte die örtlichen Wetterdaten herunter. »Folgen Sie den Markierungen am Boden,« beendete der Controller seine Ansprache.

»Corvette hat verstanden.«

Der Flugbetrieb auf den Schießplätzen unterlag strenger Aufsicht, kein Wunder, denn es war scharfe Munition auf dem Weg nach unten.

»Corvette Eins, in hot!«, gab Henke durch. Der Hauptmann steuerte seinen Starfighter in steilem 20-Grad-Anflug nach unten und warf zwei seiner Übungsbomben ab.

»Corvette Eins, cold out!«, meldete Henke. Der Rangetower, besetzt mit einem erfahrenen Piloten, funkte sofort das Ergebnis, welches der Hauptmann auf seinem Kniebrett notierte.

Als nächster war Friedrichs an der Reihe.

»Corvette Zwo, in hot!«

Friedrichs stellte den Hauptwaffenschalter auf ARMT und CAM. Damit waren die Waffen entsichert und die Bordkamera filmte. Er rollte zum Bombenabwurf ein. Nach einem letzten Blick auf den Höhenmesser konzentrierte er sich auf den Zielkreis. Während die Geschwindigkeit im Sinkflug rasch zunahm, wechselte sein Blick ständig zwischen dem gelben Fadenkreuz im Frontscheibensichtgerät, dem Höhenmesser und der

Geschwindigkeitsanzeige hin und her. Friedrichs trat etwas ins Seitenruder, um das Fadenkreuz genau mittig des Zielkreises zu platzieren.

Jetzt!

Sein Daumen drückte den Auslöser am Steuerknüppel. Die Maschine erzitterte leicht, als sich die beiden Sprengkörper mit jeweils 2,5-Kilogramm Gewicht aus ihren Halterungen lösten. Friedrichs zog den Steuerknüppel zurück und der Andruck presste ihn in den Schleudersitz. Mit der linken Hand legte er den Hauptwaffenschalter wieder um.

»Corvette Zwo, cold out!«

Nach der Meldung vom Rangetower notierte sich Friedrichs seine Ergebnisse. Nicht übel, aber es könnte besser sein. Beim nächsten Anflug musste er den Wind mehr beachten.

»Corvette Drei, in hot!«

Gemersheims Maschine wirkte wie ein Raubvogel, der auf seine Beute hinabstieß. Seine Bomben lagen etwas besser als die von Friedrichs. Gemersheim zog wieder nach oben und Staake setzte zum Anflug an.

»Corvette Vier, in hot!«

Bombenabwürfe waren eine schweißtreibende Angelegenheit. Die Piloten mussten neben der anspruchsvollen Fliegerei unter hohen G-Kräften die Schalter für Bewaffnung, Kamera und Funkgerät bedienen und zudem noch die Schießergebnisse notieren. Wer nicht aufpasste, einen Schalter nicht betätigte oder falsch anflog, der verfehlte sein Ziel. Jeder Pilot kannte die Schmach schlechter Schießergebnisse und den gutmütigen Spott der Kameraden. Wer jedoch zu lange zielte oder seinen Bomben hinterherstarrte, der riskierte es, seine Maschine ungespitzt in den Boden zu hämmern.

Staake warf seine Bomben und stieg wieder in die Platzrunde. Er hatte beim ersten Durchgang das beste Ergebnis erzielt, wie Friedrichs mit einem Anflug von Neid anerkennen musste.

»Flug Covette, Sie sind klar zur zweiten Runde«, kam die Meldung vom Rangetower.

Die vier Starfighter gingen im Abstand von sechzig Sekunden nach unten und warfen ihre Bomben in die Zielkreise. Kleine Rauchwolken markierten die Stellen, an denen die blau lackierten Sprengkörper eingeschlagen waren.

Der erfahrene Rangecontroller hatte die Abwürfe durch sein Fernglas beobachtet und erteilte jedem der vier Kameraden noch einige Hinweise, bevor sie zum dritten und letzten Abwurf starteten.

»Corvette Zwo, cold out!«

»Corvette Zwo, hier Ford. Sehr guter Wurf, der Beste bisher«, gab der Controller durch.

Zufrieden notierte sich Friedrichs sein Ergebnis.

Als nächstes stand das Kanonenschießen auf dem Plan. Die Piloten mussten den Vorgaben zügig folgen, denn jeder Formation blieben nur knapp zwanzig Minuten über der Shooting-Range, dann waren die nächsten Kameraden an der Reihe.

Henke beschoss sein Ziel und stieg wieder in die Platzrunde auf.

Nun war Friedrichs am Zuge. »Corvette Zwo, in hot!«

Die rechteckige Leinwand wurde im Kanonenvisier rasch größer. In einer Höhe von 2.400 Fuß eröffnete Friedrichs das Feuer. Die Bordkanone, eine M61 Vulcan, war links im Rumpf installiert und konnte bis zu 4.000 Schuss pro Minute abfeuern. Mit dem ihr eigenen Schnarren legte die Kanone los.

KRAAAAAAA!

Die Maschine erzitterte unter dem Rückstoß. Friedrichs nahm den Finger vom Abzug und fing seinen Flieger bei 1.700 Fuß wieder ab. Mancher Kamerad schoss noch, bis er auf 1.600 Fuß heruntergegangen war. Dort bestand allerdings die Gefahr, von eigenen Geschossen getroffen zu werden, die als Querschläger vom Boden abgeprallt waren. Die Leinwand aber hatte Friedrichs mit seinem Feuerstoß in der Mitte und im oberen Bereich völlig zerfetzt.

»Corvette Zwo, cold out!«

»Corvette Zwo, hier Ford. Sehr gut gemacht, das ging voll ins Ziel!«

Ja! Friedrichs trug das Ergebnis auf seinem Kniebrett ein.

Gemersheim und Staake schossen auf ihre Ziele und erreichten recht gute Ergebnisse.

»Flug Corvette, hier Ford. Ihre Zeit ist um. Bis zum nächsten Mal.«

»Corvette hat verstanden, Ford. Einen schönen Tag noch«, meldete Henke den Schwarm ab. »Auf nach Hause.«

Nach dem aufregenden Waffeneinsatz wirkten Rückflug und Landung in Nörvenich so unspektakulär wir ein Linienflug bei

der Lufthansa. Aber die vier Männer waren dennoch zufrieden.
Alles hatte wie geplant geklappt und ihre Schießergebnisse lagen
im oberen Bereich. Endgültig abgerechnet wurden die Ergebnisse
jedoch erst am Jahresende und der inoffizielle Wettkampf innerhalb der Staffel um den Platz des besten Schützen war noch lange
nicht entschieden.

Am Nachmittag

Daniel Friedrichs parkte seinen Käfer und stieg aus. Den Brief-
kasten mit der Aufschrift »WEGENER« fand er nach nur wenige
Schritten. Das kleine Haus mit dem Garten wirkte gemütlich,
wirkte wie … nun, wie ein Zuhause eben. Er fasste sich ein Herz
und öffnete die Tür des Gartenzauns. Er legte die paar Schritte zur
Haustür zurück und wollte klingeln, als ihm auch schon geöffnet
wurde.

»Hallo, Daniel«, begrüßte ihn Caroline. Sie trug ein trapezför-
miges, rotes Kleid mit weißem Blumenmuster.

»Hallo, Caroline.« Friedrichs hatte sich für ein blau-weiß-karier-
tes Hemd und Jeans entschieden. Er hatte nicht eine Sekunde daran gedacht, in Uniform zu erscheinen.

»Komm doch rein.«

Er trat ein und sie schloss die Tür hinter ihm.

»Wo ist denn der kleine Robert?«, fragte Friedrichs.

»Ich habe ihn heute bei seiner Oma gelassen, die nur drei Straßen weiter wohnt. Sie hat mir ständig in den Ohren gelegen, dass
sie den Jungen kaum um sich hat«, erklärte Caroline zwinkernd.

»Schade.« Friedrichs folgte ihr in die Küche und schaute sie an.

Caroline lehnte sich gegen einen Schrank der Einbauküche und
stützte sich mit den Händen auf der Arbeitsfläche hinter ihr ab.
Dadurch spannte sich ihr Kleid an ihrem Oberkörper, was Friedrichs Aufmerksamkeit unbeabsichtigt auf ihre körperlichen Attri-
bute lenkte.

»Verzeihung«, presste sie aus sich hervor und verzog das Gesicht.

Friedrichs riss sich von ihrem Anblick los. »Wie?«

»Verzeihung, Daniel. Es tut mir immer noch leid, dass ich dich
und deine Kameraden bei Bernd Koenigs Totenfeier so ange-
schnauzt habe.«

»Ach, das ist doch längst vergessen.«

Sie stieß sich vom Küchenschrank ab und ging einige Schritte weiter. »Möchtest du etwas trinken? Wie wäre es mit einem Martini?«

»Lieber nicht. Martinis und ich vertragen sich nicht gut miteinander. Sie bereiten mir immer einen schweren Kopf.«

Caroline lachte. »Einer wird schon nicht schaden.«

Sie mixte das Martini, schenkte in zwei Gläser ein und reichte eins an Friedrichs weiter. »Bitte sehr.«

»Danke. Ähem … prost.«

Sie stießen miteinander an und tranken jeder einen Schluck.

»Albert hat meine Martinis immer sehr gemocht«, sagte sie.

»Ja ...« Er leerte sein Glas. Caroline tat es ihm gleich und schenkte beiden sofort nach.

»Du fühlst dich unbehaglich, wenn ich von Albert spreche«, erkannte sie. »Ich werde ihn nicht mehr erwähnen.«

»Nein!« Friedrichs schüttelte den Kopf. »Nein, ist schon gut. Wir sollten über Albert reden. Er hat uns beiden viel bedeutet.«

Sie schwelgten etwa eine halbe Stunde lang in gemeinsamen Erinnerungen.

»Und was ist mit dir, Daniel?«, wollte Caroline schließlich wissen. »Bist du immer noch Junggeselle?«

»Ja, bin ich.«

»Das überraschst mich«, meinte sie. »Keine Freundin?«

»Schon länger nicht mehr«, erwiderte er. »Ich suche immer noch nach der idealen Frau.«

»Eine reiche Nymphomanin, deren Vater eine Bierbrauerei besitzt?«, scherzte sie lachend.

»Nein, nein, das war früher einmal«, beteuerte er. »Ich suche einfach eine normale Frau, aber das Fliegen nimmt mich ganz und gar in Anspruch.«

»Ja, das verdammte Fliegen«, stieß Caroline bitter hervor. »Immer das Fliegen.«

»Es tut mir leid«, sagte Friedrichs schnell. »Ich habe nicht nachgedacht. Ich wollte dich nicht ...«

Caroline hob die Hand. »Ist schon gut. Ich weiß, wie du das gemeint hast.«

Sie schwiegen eine Weile.

»Da ist noch etwas Martini übrig«, sagte sie und füllte beide Gläser auf. Dann sah sie auf ihres hinab. »Vielleicht sollte ich nichts mehr trinken. Ich spüre die beiden Martinis schon.«

»Ja, ich auch.«

»Ach, was soll´s?« Sie erhob ihr Glas. »Zum Wohl.«

»Zum Wohl.«

Sie tranken.

»So, alles weg.« Sie ging zur Spüle und stellte den Shaker weg.

Friedrichs folgte ihr und reichte ihr sein Glas. Dabei berührten sich ihre Hände.

Sie duftete gut, nach Rosengarten und Parfüm. Er bemerkte, dass ihre Schultern leicht zitterten.

»Caroline?«, fragte er mit weicher Stimme. »Ist etwas nicht in Ordnung?«

Sie schüttelte den Kopf.

»Was ist denn, Caroline?«, wollte er wissen und berührte sie an der Schulter.

»Gott!«, schluchzte sie. »Genau das habe ich befürchtet!«

»He.« Er legte den Arm nun ganz um ihre Schultern. »Was immer es ist, wir bekommen das wieder hin.«

»Das ist es nicht!« Sie klang verzweifelt. »Ich wusste, ich hätte dich nicht einladen sollen!«

Das schmerzte. Friedrichs hatte keine Vorstellung davon, wie er darauf reagieren sollte.

Doch dann drehte sich Caroline um und strich mit der Hand über seine Wange. Ihre zweite Hand legte sich um seinen Hals und sie zog sein Gesicht zu sich herunter.

Und dann küssten sie sich, vorsichtig, fast scheu. Er spürte ihre weichen Lippen auf den seinen und das brachte sein Blut sofort zum Brodeln. Sie presste sich an ihn. Ihr zweiter Kuss war nicht mehr scheu und es war keine Frage, wie es weiter gehen würde. Atemlos holten beide Luft.

»Sag jetzt nichts«, bat Caroline. Sie ergriff seine Hand und führte ihn aus der Küche.

Am nächsten Morgen

Friedrichs war innerlich immer noch hin und her gerissen. Caroline hatte sehr deutlich gemacht, dass das, was zwischen ihnen geschehen war, als ein einmaliger Ausrutscher zu betrachten sei. Doch er war sich nicht sicher, ob er das Erlebte so einfach abtun konnte. Er mochte sie wirklich. Aber sie war auch Alberts Witwe …

Albert, alter Kumpel, was soll ich nur tun?, sinnierte Friedrichs, während er bei Onkel Jürgen im Kasino saß.

Kurt Staake knallte sein Tablett mit zwei belegten Brötchen extra laut auf die Tischplatte und schreckte Friedrichs aus seinen Überlegungen auf. Die Kaffeetasse hingegen stellte der Leutnant ganz normal auf den Tisch.

»Guten Morgen, Kurt. Darf ich dir Gesellschaft leisten?«, versuchte Friedrichs seine Lage mit Spott zu überspielen.

»Du kannst mich mal gerne haben«, erwiderte Staake fröhlich. »Du warst so in Gedanken versunken, du hättest sogar einen Alarm verträumt.«

Friedrichs erwiderte lieber nichts darauf und drehte seinen Kaffeebecher in den Händen hin und her.

»So, wie du neben der Spur bist, steckt bestimmt eine Frau dahinter«, setzte Staake nach. »Vielleicht jemand, den ich kenne? Möglicherweise die nette Dame aus der Telefonzentrale?«

Friedrichs lachte auf. Besagte Dame war eine resolute Fünfzigjährige. »Ich dachte, die wäre für dich reserviert?«

»Danke, kein Bedarf«, wehrte Staake ab. »Mir reicht meine Birgit. Und Kerstin natürlich.«

»Wie alt ist deine Tochter jetzt?«, wollte Friedrichs wissen. Er hatte Staakes Frau und Tochter bestimmt schon ein halbes Jahr nicht mehr gesehen.

»Sie ist eine bildhübsche Vierjährige«, sagte Staake voller Vaterstolz und kramte seine Brieftasche hervor, um Friedrichs ein aktuelles Bild zu zeigen. Birgit Staake war eine hübsche Frau vom Lande, geradlinig und voller Herzlichkeit. In den Armen hielt sie Kerstin, die wie eine kleinere Version ihrer Mutter erschien.

»Na, was sagst du?«, wollte Staake ungeduldig wissen.

»Zum Glück sieht Kerstin wie ihre Mutter aus«, gab Friedrichs trocken zurück.

»Oh, na warte. Das bekommst du irgendwann zurück!«

»Ist dein Bruder immer noch an der Offiziersschule?«, wollte Friedrichs dann wissen.

»Nein, er ist jetzt bei den Panzerfahrern und freut sich, dass er mit diesem neuen Leopard herumspielen kann.«

»Panzertruppe, aha.«

Sie grinsten sich an. Panzerfahrer? Pah! Ein Knopfdruck von einem Piloten und Puff! waren die Panzer weg.

»Wie schön, euch in so guter Laune und voller Tatendrang zu erleben, Kameraden«, meinte Hauptmann Henke, der sich unbemerkt genähert hatte.

»Guten Morgen, Herr Hauptmann«, sagten Friedrichs und Staake wie aus einem Munde.

»Morgen.« Henke nahm mit seiner Kaffeetasse in der Hand am Tisch Platz und bedachte die beiden Kameraden mit einem hintergründigen Lächeln. »Ich habe eine spezielle Aufgabe für Sie, meine Herren.«

Friedrichs und Staake wechselten einen raschen Blick, den der Hauptmann natürlich bemerkte.

»Keine Sorge, Kameraden«, versetzte er und hob beschwichtigend die Hände. »Diese Aufgabe wird Ihnen gefallen.«

»Hmm«, brummte Staake dünnlippig. »Und was genau sollen wir für Sie tun?«

»Ich möchte, dass Sie sich gleich um 0900 die DA 361 schnappen und auf Herz und Nieren testet.«

»Ach, nicht doch!« Staake schüttelte den Kopf. »Der Pannenflieger?«

Die Kennnummer DA 361 gehörte zu einer zweisitzigen TF-104G, die zur Ausbildung verwendet wurde. Irgendwelche bösen Geister – oder ein Montagmorgen nach einem durchzechten Wochenende im Herstellerwerk – sorgten regelmäßig dafür, dass die Maschine mit Defekten aus dem Flugdienst genommen werden musste. Nach Reparaturen und Inspektionen standen dann sogenannte Werkstattflüge an, bevor das Flugzeug wieder in den normalen Betrieb überführt werden konnte. Jeder für solche Flüge freigegebene Pilot des Geschwaders hatte schon so seine Erfahrungen mit der DA 361 machen dürfen und versuchte sich nach Möglichkeit, vor dem Pannenvogel zu drücken.

»Wäre es nicht sinnvoller, die Kiste einfach zu verschrotten?«, fragte Staake nur halb im Scherz. »Die Mechaniker versuchen doch schon seit Monaten, die Macken aus der Kiste heraus zu reparieren.«

Henke lachte. »Na, ich denke so weit sind wir dann doch noch nicht.«

»Wie Sie meinen, Herr Hauptmann«, sagte Staake wenig überzeugend. »Aber an und für sich sind wir heute schon völlig ausgebucht. Stimmt doch, oder, Daniel?«

»Ja, das stimmt«, sprang Friedrichs seinem Kameraden bei.

»So?« Auf Henkes Gesicht war nun eindeutig ein verschmitztes Grinsen zu sehen. »Nun, um wirklich sicher zu gehen, dass mit der DA 361 alles in Ordnung ist, sollte der Vogel auf Mach 2 beschleunigt werden.«

Die Augen der beiden Männer leuchteten sofort auf. Überschallflüge wurden nicht sehr oft durchgeführt und waren entsprechend begehrt.

»Habe ich das etwa noch nicht erwähnt?«, setzte Henke unschuldig nach.

Friedrichs hüstelte gekünstelt. »Nun, ich denke, wir könnten diesen einen Werkstattflug ohne Probleme in unserem Tagesablauf quetschen.«

»Genau.« Staake nickte. »Das bekommen wir hin.«

»Es wärmt immer wieder mein Herz, wenn ich so motivierte Soldaten erlebte«, meinte Henke trocken.

Die drei Männer sahen sich einen Moment lang an und lachten gemeinsam los.

Um 08:00 Uhr fanden sich Friedrichs und Staake zur Vorflugbesprechung ein. Während der Besprechung wurden die Piloten den verschiedenen Flugzeugen zugewiesen. Als Nächstes schilderte der Meteorologe die zu erwartenden Wetterbedingungen und abschließend wurden weitere relevante Themen für den Flugdienst behandelt. Nach der Vorflugbesprechung holten sich Friedrichs und Staake ihre Ausrüstung und fuhren mit einigen Kameraden zum Stellplatz für die Flugzeuge hinaus. Die TF-104G mit der Kennnummer DA 361 erwartete sie schon.

Der erste Wart begrüßte sie finster grienend. Gemeinsam führten sie die Vorflugkontrolle durch. Dabei beschrieb Oberfeldwebel Seidel auch, welche Reparaturen durchgeführt worden waren.

»Habt ihr dem Vogel seine Macken jetzt endlich ausgetrieben oder nicht?«, fragte Staake nach.

»Um das herauszufinden, sind Sie ja hier, Herr Leutnant«, gab Seidel ungerührt zurück und hielt Friedrichs das Klemmbrett hin. Der lachte nur und unterschrieb.

»Selber Schuld«, frotzelte er.

»Pah.« Staake schüttelte den Kopf. »Also gut, dann wollen wir mal.«

Er kletterte in den hinteren Sitz, der für den Fluglehrer vorgesehen war, während Friedrichs auf dem Pilotensitz Platz nahm. Nach den Kontrollen startete der Oberleutnant das Triebwerk. Wenig später rollten sie zur Startbahn. Sie schlossen das Cockpitdach und sperrten so einen Teil des infernalischen Lärms aus.

»Alles klar bei dir?«, fragte Friedrichs über Bordfunk.

»Alles klar.«

Sie führten den letzten Triebwerkstest durch und baten den Kontrollturm um Starterlaubnis.

»DA 361, Start freigegeben«, kam die Antwort.

»Auf geht's!«

Friedrichs erhöhte die Leistung auf 85 Prozent, nahm die Füße von den Bremsen und schob den Leistungshebel in den maximalen Nachbrennerbereich. Der Helm der beiden Piloten wurde gegen die Kopfstütze des Schleudersitzes gedrückt. Bereits nach 860 Metern auf der Bahn erreichte die Maschine ihre Startgeschwindigkeit. Bei 290 Stundenkilometern hob Friedrichs die Flugzeugnase an, um den Starfighter dann bei 350 Sachen von der Bahn zu ziehen.

Nachdem das Fahrwerk eingezogen war, stiegen sie ohne Nachbrenner bis auf eine Höhe von 7.500 Meter. Das geschah, um Treibstoff zu sparen. Werkstattflüge wurde ohne Außenlasten durchgeführt, so auch ohne die sonst üblichen Tip-Tanks an den Spitzen der kurzen Flügel. Somit blieb ihnen nur der interne Kraftstoffvorrat, um den Testflug zu absolvieren. Das Flugprofil für Werkstattflüge war festgelegt und musste genau eingehalten werden, damit man die erflogenen Werte mit den vorhandenen Daten vergleichen konnte. Friedrichs und Staake begannen mit den Tests und konnten einen Punkt nach dem anderen ohne Beanstandungen auf ihren Checklisten abhaken.

»Unglaublich«, kommentierte Staake, als er den vorletzten Prüfungspunkt als »i. O.« eintrug. »Und wir haben sogar noch mehr als genug Sprit für unseren Überschallflug.«

Für Überschallflüge waren spezielle Sektoren vorgesehen, damit die Bevölkerung nicht zu sehr unter dem damit einhergehenden Überschallknall leiden musste. Friedrichs zog am Steuerknüppel und die Maschine stieg auf 15.000 Meter auf.

»Dann gib mal Kitt!«, forderte Staake.

»Wird gemacht.«

Friedrichs schob den Leistungshebel wieder bis zum Anschlag nach vorne und senkte die Nase etwas. Bei vollem Nachbrenner verbrauchte der Starfighter etwa 800 Liter Treibstoff pro Minute. Die Anzeigen machten einen leichten Sprung – das Zeichen dafür, dass sie jetzt schneller als der Schall flogen. Der Machmeter zeigte 1,9 – das entsprach etwa 30 Kilometern in der Minute. In dieser Höhe betrug die Temperatur -59 Grad Celsius. Doch durch die Reibungskräfte beim Überschallflug erhitzte sich der Rumpf auf über 100 Grad. Eine enorme Belastung für das Material.

Plötzlich ertönte ein lautes Pfeifen und es wurde unerträglich laut in der Kanzel.

»Mist! Hier ist irgendetwas kaputt gegangen«, versuchte Staake den Krach zu übertönen, doch Friedrichs konnte ihn nicht verstehen.

Der Oberleutnant zog sofort den Leistungshebel zurück und legte die Maschine auf den Rücken, um Höhe abzubauen.

Schon nach wenigen Sekunden spürten beide Männer, wie der Druck in der Kanzel stark abnahm. Obwohl die Sauerstoffmasken vor ihren Gesichtern festgeschnallt waren, rutschen sie ihnen fast über die Nase hinauf. Ohne Druckanzug konnte das kein Mensch lange überleben, deshalb war Friedrichs Reaktion die einzig Richtige gewesen. Durch den schwindenden Luftdruck entstand jedoch Nebel in der Kanzel, der so dicht war, dass sie kaum noch die Instrumente ablesen konnten.

Mit 1.000 Stundenkilometern und im Sturzflug erreichten sie schon nach wenigen Sekunden eine Flughöhe, bei der die Sicht in der Kanzel wieder besser wurde und die automatische Druckbeatmung mit reinem Sauerstoff wieder funktionierte.

Friedrichs reduzierte die Geschwindigkeit. Seine Lippen waren ganz trocken und die Brust schmerzte. Offenbar war seine Lunge durch den Druckverlust stark belastet worden.

»Bist … bist … du … in … Ordnung?«, brachte er schwer atmend hervor.

Er konnte Staake im Rückspiegel nicken und den Daumen heben sehen.

»Es … geht«, krächzte der Leutnant mühsam.

Friedrichs sendete ein Notsignal, das auf dem Bildschirm des Radarlotsen aufleuchtete.

Der rief sofort nach der DA 361 und erkundigte sich nach dem Notfall, doch es dauerte einige Minuten, bis Friedrichs und Staake wieder normal sprechen und ihn über den Druckverlust informieren konnten. Der Lotse gab ihnen sofort einen Kurs, der sie zurück nach Nörvenich führte.

Nach der Aufregung der letzten Minuten war die Landung reine Routine.

Der zur Landebahn geeilte Fliegerarzt konnte bis auf leichte Kopfschmerzen und ein Drücken in der Brust bei keinem der Männer Beeinträchtigung feststellen. Er ordnete zur Sicherheit eine weitere Untersuchung in der Krankenstation an. Für die beiden Offiziere war der Druckabfall jedoch folgenlos geblieben. Da Donnerstag war, setzte sich Hauptmann Henke dafür ein, dass sie den folgenden Tag frei bekamen. Der Kommodore stimme zu und schicke sie ins lange Wochenende.

Oberfeldwebel Seidel und seine Techniker untersuchten den Pannenflieger und fanden im hinteren Cockpit der DA 361 eine geplatzte Dichtung am Kanzeldach. Das Material hatte unter den extremen Belastungen in großer Höhe und bei Mach 1,9 schlichtweg versagt.

Am gleichen Abend

Friedrichs, immer noch ein wenig angeschlagen vom unerwarteten Druckabfall, saß in seinem Sessel und überlegte, ob er Caroline anrufen sollte. Er war sich nicht sicher, wie sie darauf reagieren würde.

»Zum Teufel damit«, murmelte er schließlich, kramte das Telefonbuch aus der Ablage unter dem Tisch hervor und suchte ihre Nummer. Er wählte, und nach dem fünften Klingeln nahm sie ab.

»Wegener.«

Friedrichs war überrascht, wie sehr es ihn freute, Carolines Stimme zu hören. »Caroline, hier ist Daniel.«

»Oh.« Mehr sagte sie nicht.

»Ich … ich wollte dich sprechen«, druckste Friedrichs ein wenig verlegen herum.

»Warum?«

»Nun, ich habe den morgigen Tag frei bekommen«, erklärte er. »Ich dachte, wir könnten den Tag zusammen verbringen. Oder vielleicht sogar das Wochenende.«

Eine kleine Weile herrschte Stille.

»Ich glaube, das wird nicht gehen«, sagte Caroline dann. »Da ich arbeiten gehen muss, ist das Wochenende für Robert und mich reserviert.«

»Entschuldige. Daran habe ich gar nicht gedacht. Robert geht natürlich vor.«

»Freut mich, dass du das verstehst.«

»Ich würde dich gerne wieder anrufen«, sagte Friedrichs.

Erneute Stille. »Warum nicht?«, meinte sie, etwas distanziert klingend. »Irgendwann habe ich bestimmt Zeit.«

»Gut, ich freue mich.«

»Ja, ich mich auch.«

»Bis dann, Caroline.«

»Bis dann, Daniel.« Sie legte auf.

Tja, da bist du abgeblitzt, dachte Friedrichs, während er den Hörer auf die Gabel legte. Das war immerhin eine sehr freundliche Abfuhr gewesen.

Was hast du erwartet? Sie hat dir doch gesagt, dass es nur ein Ausrutscher gewesen sei. Warum bist du überhaupt enttäuscht?

Er griff nach dem Playboy, doch das war keine gute Idee, denn vor seinem geistigen Auge sah er Caroline und nicht die Damen im Magazin. Er legte die Zeitschrift wieder weg und atmete tief durch. Was war nur los mit ihm?

Als das Telefon klingelte, machte sein Herz einen aufgeregten Satz. Vielleicht hatte es sich Caroline doch anders überlegt? Er hob rasch ab. »Oberleutnant Friedrichs.«

»Daniel, hier ist Karl.«

»Oh, du bist es.«

»So zurückhaltend?«, fragte Staake. »Hast du etwa einen heißen Anruf erwartet?«

»Nein, habe ich nicht.«

»Eigentlich schade. Ich dachte, ich erwische dich umgeben von leicht bekleideten Damen und mit einer Schnapspulle in der Hand.«

Friedrichs lachte. »Da muss ich dich enttäuschen.«

»Tja, man kann nicht alles haben«, brummte Staake. »Also, warum ich dich anrufe: Ich kann endlich mit Birgit und Kerstin in ein

Quartier für verheiratete Offiziere umziehen. Genauer gesagt, wir können Montag einziehen. Da man die Quartiere für ledige Offiziere jedoch scheinbar mehr als dringend benötigt, hat man mir nahegelegt, es sofort zu tun ...«

»Und da wir beide morgen frei haben, wolltest du mich bitten, dir beim Umzug zu helfen, nicht wahr?«

»Erraten, Kumpel. Und dann müssten Birgit und Kerstin vom Bahnhof abgeholt werden. Darf ich auf dich zählen?«

Ach, warum nicht?

»Darfst du«, sagte Friedrichs.

»Ich wusste ja, dass auf dich Verlass ist! Um 0700 geht's los.«

»0700, verstanden.«

»Danke, mein Freund. Du bist der Beste! Bis morgen.«

Es klickte und dann war die Verbindung getrennt.

Was soll's? Immer noch besser, als in mein Taschentuch zu weinen, weil Caroline mich abserviert hat. Karl ist immer ein guter Kumpel gewesen. Und ich freue mich wirklich, Birgit und Kerstin wiederzusehen, dachte Friedrichs.

Am nächsten Tag

»Wo hattest du den ganzen Krempel bloß untergebracht? Ist ja nicht zu glauben«, beschwerte sich Friedrichs, während er gemeinsam mit Staake einen Karton in das kleine Haus schleppte. Es handelte sich dabei um eines der zahlreichen Neubauten auf dem Stützpunkt. Natürlich gab es auch Neider, zumeist ledige Offiziere, die weiterhin in den alten Baracken leben mussten, während Kameraden mit Familie ein eigenes kleines Haus bekamen. Jene Neider aber konnte Friedrichs nicht verstehen. Es sollte eigentlich selbstverständlich sein, dass Familien bevorzugt wurden.

»Was meckerst du denn so herum?«, wollte Staake wissen. »Wir haben es doch jetzt.«

»Ja, nach fünf Stunden«, gab Friedrichs zurück. »Eigentlich sollte dein ganzer Kram in einer einzigen Fuhre zu bewältigen sein.«

»Dann hättest du dir ein größeres Auto kaufen sollen.«

»Ha!«

Sie schleppten den Karton ins Schlafzimmer und stellten ihn ab.

»So, das war's«, verkündete Staake.

»Ein Glück«, ächzte Friedrichs und reckte sich. Schweiß troff von seiner Stirn.

»Und genau rechtzeitig. Birgit und Kerstin kommen in einer halben Stunde am Bahnhof an«, meinte Staake mit einem Blick auf seine Armbanduhr.

»Dann sollten wir hier nicht rumtrödeln.«

In Friedrichs VW-Käfer fuhren sie in die Stadt und erreichten wenig später den Bahnhof.

»Wie wollen wir sie in der Menge finden?«, wollte Friedrichs beim Anblick der unzähligen Reisenden wissen, die sich in den Ladengeschäften, den Wartebereichen und auf jedem Bahnsteig zusammendrängten.

»Gleis 3. Da sollen sie ankommen«, stotterte Staake, der zunehmend nervöser wurde. Es war offensichtlich für Friedrichs, dass sein Kamerad das Wiedersehen mit Frau und Tochter kaum noch erwarten konnte.

Die Ankunft des Zuges auf Gleis 3 wurde per Lautsprecherdurchsage angekündigt, wenig später fuhr der Zug ein. Fahrgäste stiegen aus den Waggons. Ein älteres Ehepaar, das sich stritt. Ein Mann, der zu viel Gepäck schleppte. Ein Geschäftsmann.

Und dann tauchte Birgit Staake auf. Sie trug ein junges Mädchen auf dem Arm und strahlte drauflos, als sie ihren Mann entdeckte.

»Karl!«, rief sie wie ein verliebtes Schulmädchen. »Karl!«

Leutnant Staake flog förmlich auf seine Frau und Tochter zu, umarmte und küsste beide. Dann nahm er seine Tochter auf den Arm und knuddelte sie innig. Das Mädchen schlang ihre Ärmchen um den Kopf des Vaters, beide schlossen die Augen und genossen den Augenblick.

Es dauerte, ehe sich Staake wieder an seinen Kameraden erinnerte.

»Schatz, du kennst ja Daniel Friedrichs,« schnippte er und wies auf besagten Friedrichs. »Er war so freundlich, uns seinen Wagen zur Verfügung zu stellen.«

»Ja, natürlich.« Birgit schenkte ihm ein aufrichtiges Lächeln, sprang mit einem Mal auf ihn zu und umarmte ihn, was Friedrichs völlig aus dem Konzept brachte. »Schön, dich endlich wieder zu sehen. Wie lange ist das jetzt her? Fünf oder sechs Monate?«

»So ungefähr«, erwiderte Friedrichs verlegen, während er versuchte, sich zu sortieren. Birgit lachte ihn an, ehe sie sich wieder ihrem Mann zuwandte.

»Wo steht denn das Auto?«, fragte sie und nahm Kerstin entgegen. Staake und Friedrichs schnappten sich die Koffer.

»Am Hinterausgang.«

Sie luden das Gepäck in den Kofferraum unter der Haube. Familie Staake quetschte sich auf der Rückbank zusammen, Kerstin meckerte ob des Platzmangels.

»Fahrer!«, scherzte Staake und klatschte in die Hände. »Fahren Sie los.«

»Sehr wohl, der Herr. Sofort, der Herr«, spielte Friedrichs mit. Birgit und Kerstin schüttelten sich vor Lachen. Staake klopfte seinem Freund dankbar auf die Schulter. Dann erforderte Birgit jedoch seine ganze Aufmerksamkeit, denn sie zog ihn zu sich heran und küsste ihn.

Mit einem Anflug von Neid fragte sich Friedrichs, ob er irgendwann auch jemanden haben würde, der ihn so lieben könne, wie Birgit ihren Karl liebte. Kurz kam ihm Caroline in den Sinn, dann aber schob er den Gedanken beiseite und konzentrierte sich darauf, den Käfer durch den Verkehr zu steuern.

Über der Ostsee, drei Wochen später

Die Politik übte auch weiterhin Druck auf die Bundeswehr aus, den neuen Starfighter-Kampfjet zügig bei allen vorgesehenen Geschwadern in Dienst zu stellen. Bonn hatte große Pläne, die es umgesetzt sehen wollte, am besten schon gestern. Der Starfighter sollte in jeweils zwei Jagd- und Aufklärungsgeschwadern sowie in fünf Jagdbomberverbänden der Luftwaffe eingesetzt werden. Auch bei den Marinefliegern wurden zwei Geschwader von den veralteten Sea Hawk auf den Starfighter umgerüstet. Dabei hatte Lockheeds F-104 nicht unbedingt auf dem Wunschzettel der Marineflieger gestanden. Aus Sicherheitsgründen bevorzugten sie ein zweisitziges und vor allem mit zwei Triebwerken ausgerüstetes Muster. Konkret hatte die Bundesmarine die britische Hawker Siddely Bucaneer im Auge. Doch der politische Druck war zu groß geworden, die Marine hatte sich der Starfighter-Lobby letztlich beugen müssen.

Der politische Druck schlug auch ganz konkret auf die Piloten der Bundeswehr durch. So wurde die Ausbildung am Starfighter unter Hochdruck vorangetrieben und beschleunigt abgeschlossen, obwohl durch technische Defekte die Zahl der vorgeschriebenen Flugstunden nicht eingehalten werden konnte. Darunter litt natürlich die Qualifikation der Piloten, die die benötigte Erfahrung nicht sammeln konnten.

Neben dem einsitzigen Jagdbomber F-104G und dem zweisitzigen TF-104G wurde bei den Marinefliegern auch noch der Aufklärer RF-104G eingesetzt. Stationiert waren ihre beiden Geschwader in Schleswig-Holstein, ihr Einsatzgebiet lag in der Hauptsache natürlich über der Nord- und Ostsee. Egal, ob Luftkampf-, Jagdbomber- oder Aufklärungsmissionen, die Marineflieger übernahmen jede Aufgabe.

Der Starfighter eignete sich sehr gut für Tiefflüge über der See, weil er auch bei hohen Geschwindigkeiten knapp über den Wellen stabil wie ein Brett in der Luft lag. Dafür brachte der Flug über dem Meer ganz eigene Schwierigkeiten mit sich. Die salzhaltige Luft führte zu Korrosionsschäden an den Triebwerken, auch die elektronische Ausrüstung litt unter ihr. Hinzu kam, dass man über der See Entfernungen wegen fehlender Bezugspunkte nur sehr schwer einschätzen konnte.

Oberleutnant zur See Christoph Nadow vom Marinefliegergeschwader 2 ließ den Blick über seine Instrumente wandern und kontrollierte die Anzeigen im Cockpit seines Aufklärers. Dann suchte er die graue Meeresoberfläche wieder nach Schiffen ab. Bei guter Sicht und glatter See waren diese aus mittlerer Höhe gut zu erkennen, allerdings war das Wetter heute nicht ideal. Gestartet war er vor 30 Minuten vom Marinefliegerstützpunkt Eggebeck südlich von Flensburg. Nadow verfügte über 136 Flugstunden in der Aufklärervariante des Starfighters.

Zur Zeit fanden Marineübungen der NATO statt, der Warschauer Pakt konterte mit eigenen Manövern. Bei solchen Gelegenheiten wimmelte es in der Ostsee nur so von Schiffen. Noch ehe diese mit bloßem Auge gesehen werden konnten, spürte sie das Radargerät bereits auf. Den Schiffstyp konnte der Pilot anhand des kleinen Radarbildschirms allerdings nicht bestimmen, dafür musste er bis auf wenige Meilen herangehen und anhand der Silhouette klären, ob es sich um Freund oder Feind handelte. Aller moderner Technologie zum Trotz, anders war die endgültige Identifizierung nicht möglich. War ein feindliches Schiff aufgeklärt, galt es, die in der Flugzeugnase eingebauten Kameras auszulösen, die Bilder zu schießen und schleunigst wieder abzudrehen. Neben den bekannten Küstenwachbooten der ostdeutschen Volksmarine traf man immer öfter auf sowjetische Schiffe, darunter große und moderne Einheiten. Der Warschauer Pakt verfügte in der Ostsee dieser Tage über mehr Kriegsschiffe als die NATO-Länder, weshalb es so immens wichtig war, Schiffe klar zu identifizieren. Ansonsten überflog man noch versehentlich den falschen Verband.

Nadow steuerte seine RF-104G mit ruhiger Hand nach Nordosten. Über ihm hing eine geschlossene Wolkendecke, unter ihm lag die dunkelgraue Ostsee. Kriegsschiffe mit ihrem grauen Tarnanstrich waren unter diesen Bedingungen nur sehr schwer auszumachen. Was hingegen nicht übersehen werden konnte, war das weiße »V« der Wellen, das ein Schiffsrumpf mit seinem Bug- und Kielwasser verursachte.

Mit 800 Stundenkilometern näherte sich Nadow den Punkten auf seinem Radarschirm und spähte hinunter auf die See. Sein Ziel war ein Verband der Bundesmarine um die Fregatte Köln, die zusammen mit mehreren Schnellbooten an der NATO-Übung teilnahm. Gleichzeitig sollte Nadow den teilweise noch unerfahrenen Besatzungen Gelegenheit bieten, ihre Flugabwehrfähigkeiten zu trainieren.

Dort!

Ein größeres und vier kleine Vs zeichneten den Kurs seines Zielverbandes zwischen den Wellen nach. Der Oberleutnant reduzierte den Schub und ließ seine Maschine etwas abfallen. Im Tiefflug wollte er Radar und Flugabwehr des Verbandes unterfliegen und seine Bilder machen. Mit einem leichten Linksschwenk senkte er seinen Starfighter bis auf eine Höhe von 250 Fuß ab. Die See war rauer geworden, weiße Schaumkronen tanzten auf den Wellenkämmen.

Der Oberleutnant lächelte leicht hinter seiner Sauerstoffmaske. So, wie die Besatzungen der Schiffe durchgeschüttelt wurden, konnten die Schützen der Flugabwehrwaffen seinem Anflug wohl kaum folgen. Er erhöhte die Leistung, raste mit 820 Stundenkilometern auf den Zielverband zu. Ob die Radarbeobachter an Bord der Schiffe ihn schon ausgemacht hatten? Sich unbemerkt an die Kameraden heranzuschleichen und seine Fotos zu schießen, das wäre schon etwas, mit dem man im Kasino ein wenig angeben konnte.

Diese Vorstellung kitzelte Nadow, sodass er noch weiter herunterging. 150 Fuß zeigte der Radarhöhenmesser nun an. Der Oberleutnant kurvte nach links, um sich an der Kette der Schnellboote entlang den eleganten Linien der Fregatte zu nähern. Er musste die Schiffe nicht überfliegen, um seine Bilder zu machen, die Kameras konnten in alle Richtungen filmen. Es würde ein Kinderspiel werden.

Doch was war das? Auf den Schnellbooten flackerte Licht auf.

Verdammt! Haben die ollen Makrelencowboys mich doch erwischt, durchzuckte es Nadow. Unter der Sauerstoffmaske bildete sich ein schiefes Grienen.

Ein aufmerksamer Beobachter an Bord eines der Schiffe hatte den sich nähernden Starfighter entdeckt und Fliegeralarm gegeben. Jedes aufflackernde Licht bedeutete einen Schuss, der auf ihn abgegeben wurde.

Natürlich schossen die Kameraden nicht wirklich auf ihn. An den Flugabwehrgeschützen der Kaliber 20- und 40-Millimeter an Bord der Köln und der Schnellboote waren sogenannte Lichtkanonen montiert worden, die für die NATO-Piloten feindliches Flugabwehrfeuer simulierten. Wäre allerdings echte Munition benutzt worden, dann wäre Nadow jetzt womöglich ein toter Mann.

Die Erkenntnis traf ihn wie der Blitz. Er zog den Kopf zwischen die Schultern und warf den Starfighter mit einer heftigen Bewegung nach links, um die Kette aus Schnellbooten zu umfliegen und die Fregatte aus einer anderen Richtung anzugehen. Die Maschine lag fast auf der linken Tragfläche.

Bei Manövern und Schräglagen von mehr als 30 Grad zeigte der Radarhöhenmesser die eigene Höhe nicht mehr zuverlässig an. Doch gerade bei solchen Schräglagen wäre eine genaue Höhenanzeige zwingend erforderlich gewesen, da der Starfighter dabei gern an Höhe verlor.

Grau waren die Wolken. Grau waren die Wellen. Das eintönige Grau-in-Grau wurde nur durchbrochen von den weißen Schaumspitzen auf den Wellen. Und die waren mit einem Male viel zu nahe.

Oh, Scheiße!, durchzuckte es Nadow. Siedende Hitze breitete sich in seiner Brust aus. Ich bin zu tief! Viel zu tief!

Es war bereits zu spät.

Der Tank an der linken Tragflächenspitze berührte das Wasser. Bei einer Geschwindigkeit von 780 Stundenkilometern war das, als würde ein Porsche bei voller Fahrt frontal gegen eine Betonwand rasen. Der Flügeltank tauchte in einen Wellenberg ein und riss den Starfighter ins Verderben. Das Flugzeug prallte auf die Wasseroberfläche.

Es gab keine sichtbare Explosion. Nur eine hochgeschleuderte Wassersäule und davonwirbelnde Trümmerteile, die knapp an den Schnellbooten vorbeisausten.

Die entsetzten Schiffsbesatzungen lösten Alarm aus. Doch bis auf einige auf den Wellen treibende Bruchstücke war von der verunglückten Maschine nichts mehr auszumachen. Alles war blitzschnell gegangen.

Die RF-104G mit Oberleutnant zur See Christoph Nadow war in der grauen See verschwunden.

Flugplatz Nörvenich, einige Tage später

»Flug Tiger, Sie sind zum Start freigegeben«, kam die Starterlaubnis vom Kontrollturm.

»Tiger Eins, verstanden«, antwortete Friedrichs und sah dann kurz nach rechts rüber.

Leutnant Edgar Baensch, für den heutigen Einsatz sein Flügelmann, erwiderte den Blick und hob den Daumen.

»Tiger Zwo, wir starten.«

»Tiger Zwo hat verstanden«, bestätigte Baensch.

Friedrichs steigerte die Leistung auf 85 Prozent und löste die Bremsen. Das Schrillen des J79-Triebwerks nahm zu und der Nachbrenner zündete. Wieder wurde der Oberleutnant von der enormen Schubkraft in seinen Schleudersitz gedrückt. Den Blick nach vorne gerichtet, raste seine Maschine über die lange Betonbahn. Die Geschwindigkeitsanzeige ging steil nach oben, der Starfighter hob schließlich die Nase an und befand sich bei 330 Stundenkilometern vollständig in der Luft. Sofort fuhr Friedrichs das Fahrwerk ein. Bei 480 km/h schlossen sich die Abdeckungen der Fahrwerksschächte. Als die Geschwindigkeitsanzeige 330 Knoten, also rund 610 Kilometer pro Stunde, anzeigte, fuhr er die Startklappen ein. Der Blick über die Schulter bestätigte ihm, dass Baensch immer noch an seiner rechten Flügelspitze hing.

Für diesen Tag waren im Manövergebiet Tiefflüge vorgesehen. Für jeden durchschnittlichen Linienpiloten war es ein Ding der Unmöglichkeit, mit 830 Sachen in einer Höhe von 500 Fuß herumzukurbeln. Das waren gerade einmal 150 Meter über dem Grund! Und das war erst der Anfang, denn im Ernstfall würden die Kampfpiloten der Bundeswehr bis auf 180 Fuß, also knapp 50 Meter, runtergehen und sozusagen mit dem Bauch der Maschine am Boden kleben. Anders wäre es wohl kaum möglich, die dichte Flugabwehr des Warschauer Pakts zu durchdringen.

Ihre Route führte sie über hügeliges Gelände in Nordrhein-Westfalen. Die Landschaft flog mit 12 Kilometern pro Minute unter ihnen vorbei.

Friedrichs checkte routinemäßig seine Instrumente, blickte dann wieder nach vorne.

Was war das?

Ein, nein zwei kleine Punkte, direkt voraus.

Für eine Zehntelsekunde glaubte der Oberleutnant, einen Bussard oder etwas Ähnliches zu erkennen. Das flüchtige Bild weiter zu verarbeiten, dazu blieb ihm keine Zeit – instinktiv riss er den Steuerknüppel nach links und zog gleichzeitig den Schubhebel zurück. Doch er hatte nur einen Wimpernschlag Zeit für sein Ausweichmanöver und da krachte es schon fürchterlich. Schmerz durchfuhr ihn, als ihn etwas mit Wucht im Gesicht traf und das getönte Visier zerschmetterte. Ein röhrender, eiskalter Wind schlug ihm entgegen und drohte, die Sauerstoffmaske von seinem Gesicht zu reißen. Etwas klebriges waberte in seine Augen. Blind zerrte er mit der Linken am Steuerknüppel, wischte sich mit der Rechten über die Nase. Rotes Blut und eine verschmierte Feder klebten daraufhin an seinem Handschuh, während der eisige Wind wie mit tausend Nadeln in sein Gesicht stach.

»Tiger Zwo an Tiger Eins«, erklang die kaum verständliche Stimme von Baensch in seinen Ohren. »Tiger Eins, bitte melden! Was ist passiert? Tiger Eins, kommen!«

Halb blind tastete Friedrichs über die rechte Instrumententafel, wo die zerschmetterten Überbleibsel eines Vogels hafteten. Er schüttelte den Kopf, um ihn wieder klar zu bekommen und zog dann das zweite, nicht getönte Visier nach unten. Das Plexiglas hielt den eisigen Wind von seiner Haut fern.

Friedrichs gönnte sich den Luxus eines bewussten Atemzugs. Blinzelnd erspähte er durch die immer noch zusammengekniffenen Augen ein Loch, vorne rechts im Cockpitglas. Mit bitterer Ironie wurde ihm bewusst, dass der Vogel durch sein Ausweichmanöver nicht auf die Panzerglasscheibe in der Mitte der Frontverglasung geknallt war, sondern das schwächere Glas an der Seite durchschlagen hatte. Der Oberleutnant zog den Schubhebel weiter zurück und fuhr die Luftbremse aus, um seine Geschwindigkeit zu reduzieren. Das Tosen des Windes in seiner Kanzel sank langsam zu einem Rauschen zusammen. Bei 300 Knoten fuhr Friedrichs die Bremsen wieder ein.

»Tiger Eins, hier Tiger Zwo! Bitte kommen!« Besorgnis bestimmte den Klang von Baenschs Stimme. »Tiger Eins, bitte kommen!«

»Hier Tiger Eins«, antwortete Friedrichs mühsam. »Mayday. Mayday. Maday. Hatte einen Vogelschlag.«

»Verstanden, Tiger Eins«, gab Baensch zurück, erleichtert, dass sich sein Flügelmann gemeldet hatte. »Ich informiere den Tower.«

Friedrichs hörte, wie Baensch über Funk den Kontrollturm anrief. Obwohl der Leutnant noch nicht lange im Geschwader war, verhielt er sich bei diesem Notfall wie ein erfahrener Hase.

Friedrichs inhalierte einen tiefen Zug Sauerstoff. Seine in jahrelanger Ausbildung antrainierten Reflexe setzten ein, der Nebel, den der erlittene Schock um seine Sinne ausgebreitet hatte, lichtete sich etwas. Langsam drang zu ihm durch, dass noch etwas anderes nicht stimmte.

Das Triebwerk!

Etwas stimmte damit ganz und gar nicht. Das sonst so typische Jaulen des J79 von General Electric hörte sich in diesem Augenblick ziemlich erbärmlich an. Der Oberleutnant kontrollierte die Anzeigen. Einige Nadeln der Triebwerksinstrumente zitterten. Und dann registrierte er unter der nun locker sitzenden Sauerstoffmaske einen üblen Geruch.

Der zweite Vogel! Während sein Artgenosse die Kanzelverglasung durchschlagen hatte, musste das zweite Tier im Lufteinsaugschacht verschwunden sein. Wie schwer mochte so ein Vogel sein? Ein Kilogramm vielleicht? Auf jeden Fall reichte es, um das Triebwerk zu beschädigen. Friedrichs zog den Leistungshebel fast in die Leerlaufstellung zurück und fuhr die Landeklappen aus, um den Auftrieb zu erhöhen.

»Tiger Zwo, hier Tiger Eins«, rief er seinen Flügelmann, der mit gebührendem Sicherheitsabstand wieder an seiner rechten Fläche hing.

»Tiger Zwo hört.«

»Tiger Eins, ich hatte einen Vogelschlag im Cockpit und einen zweiten im Triebwerk. Mein Triebwerk ist vermutlich beschädigt.«

»Tiger Zwo hat verstanden. Ich gebe es weiter«, meldete Baensch und funkte erneut den Kontrollturm an.

»Tiger Eins, hier Zwo. Kannst du die Maschine in der Luft halten?«

Wenn ich an all die Formulare denke, die ich bei einem Ausstieg ausfüllen muss, sollte ich die Kiste besser in einem Stück auf eine Landebahn verfrachten, überlegte Friedrichs, dessen zynische Ader in solchen Augenblicken in Erscheinung trat.

»Tiger Eins, wenn das Triebwerk durchhält, dann ja.«

»Verstanden, Tiger Eins.«

»Tiger Eins, hier Kontrollturm Nörvenich. Abdrehen auf zwo-eins-null, wenn möglich«, gab der Tower die Anflugrichtung durch.

»Tiger Eins, abdrehen auf zwo-eins-null. Verstanden«, bestätigte Friedrichs und steuerte die angeschlagene Maschine in eine sanfte Linkskehre. Der getreue Baensch blieb dabei ohne Unterlass an seiner Seite.

Der Lotse im Kontrollturm gab Friedrichs die wichtigsten Landedaten durch und meldete die Landebahn frei zur Notlandung. Da der Oberleutnant bei dem kurzen Flug nur sehr wenig Treibstoff verbraucht hatte, lag sein Landegewicht bei knapp elf Tonnen und die Anfluggeschwindigkeit war mit 380 Stundenkilometern noch sehr hoch.

So sanft, wie es die Situation zuließ, setzte Friedrichs den Starfighter auf die Betonbahn. Bei der Landung wurden die Reifen und das Fahrwerk sehr stark beansprucht. Es knirschte, doch das Material hielt der enormen Belastung stand.

Baensch, der seinen Kameraden beim Landeanflug begleitet hatte, startete wieder durch.

Friedrichs hatte im Moment jedoch keinen Kopf für seinen Flügelmann. Er bemühte sich, den Starfighter mittig auf der Landebahn zu halten und löste den Bremsschirm aus. Dieser kam ohne Probleme frei und blähte sich hinter dem Flugzeug auf. Mit Hilfe der Bremsen konnte Friedrichs die Geschwindigkeit auf Schritttempo senken und die Maschine schließlich ganz stoppen. Er stellte das jaulende Triebwerk ab und blieb für einen Moment regungslos sitzen.

Die Flughafenfeuerwehr raste heran und sicherte das Flugzeug. Die Leiter wurde ans Cockpit gestellt, ein Mann im silbernen Schutzanzug stieg herauf. Er öffnete die Kanzelhaube und sah den blutbesudelten Piloten starr auf seinem Sitz hocken.

»Sind Sie in Ordnung?«

Friedrichs drehte langsam den Kopf und sah ihn an. Dicke Schweißperlen glänzten auf seiner Stirn

»Ich glaube schon.«

Ein zweiter Mann erschien. Es war Seidel, der Flugzeugwart. Er schob sich an dem Feuerwehrmann vorbei, sicherte den Schleudersitz und rüttelte den Piloten sanft an der Schulter. »Oberleutnant Friedrichs? Können Sie aussteigen?«

Konnte er nicht. Seine Beine fühlten sich an wie Gummi. Der Wart musste Friedrichs mit Hilfe des Feuerwehrmanns aus dem Cockpit heben.

Der Fliegerarzt erwartete ihn neben der Maschine und untersuchte ihn oberflächlich, während die Mechaniker das Flugzeug sicherten. Dann wurde Friedrichs ins Krankenrevier gefahren.

Die Mechaniker schleppten den Starfighter unter lautstarken Anweisungen von Oberfeldwebel Seidel ins Werftgebäude, damit Leutnant Baensch landen konnte.

Die DA 113 wurde umgehend untersucht. Neben der zertrümmerten Seitenverglasung war auch der rechte Lufteinlass von Friedrichs' Maschine beschädigt. Der zweite Vogel, ein völlig zerstückelter Bussard, hatte schwere Schäden an den vorderen Leitschaufeln des Triebwerks verursacht. Hätte der Oberleutnant nicht sofort die Leistung gedrosselt, wäre das Triebwerk vermutlich noch in der Luft zerrissen worden.

Einige Stunden später

Daniel Friedrichs saß in seinem Sessel, in einer Hand die gefaltete Tageszeitung, in der anderen eine Flasche Bier. Er war nicht nur bildlich gesprochen noch einmal mit einem blauen Auge und einer leichten Schnittwunde an der rechten Augenbraue davongekommen, die nun von einem Pflaster verdeckt wurde. Der Oberleutnant versuchte, nicht mehr an den Vorfall zu denken. Er hatte noch einmal Glück gehabt, das war alles, was zählte. Damit war das Thema für ihn abgehakt. Alles andere hätte ihn nur in den Wahnsinn getrieben.

Er nuckelte lustlos an seiner Bierflasche, als das Telefon klingelte.

»Oberleutnant Friedrichs.«

»Daniel, hier ist Caroline.«

Friedrichs spürte, wie sein Herz einen Hüpfer vollführte.

»Hallo, Caroline.«

»Birgit Staake hat mich angerufen und mir erzählt, dass du heute einen Unfall hattest«, platzte es sogleich aus ihr heraus. »Geht es dir gut?«

Die gute Birgit, dachte Friedrichs. »Ja, es geht mir gut. Ich habe nur einen kleinen Kratzer im Gesicht, sonst ist alles in Ordnung.«

»Wirklich?«, fragte Caroline ein wenig misstrauisch nach.

»Wirklich, wirklich«, versicherte er ihr.

»Himmel, ich bin froh, das zu hören.«

»Das freut mich. Ich fürchtete schon … nun, du sagtest, du willst mich erst einmal nicht mehr sehen.«

»Ja. Das war … ungeschickt von mir«, sagte Caroline leise. »Ich musste mir erst über verschiedene Dinge klar werden.«

»Das musste ich auch«, meinte er. »Und darüber würde ich gerne mit dir sprechen. Aber nicht am Telefon.«

»Ich … ich würde dich auch gerne sprechen … gerne sehen.«

»Wirklich?«

»Wirklich, wirklich«, äffte sie ihn nach. Sie gluckste.

Und auch Friedrichs musste lachen. »Nun, ich habe den Rest der Woche frei bekommen.«

»Wegen deines Unfalls?«, erriet sie.

»Nun, ja. Das stimmt«, gab er zu.

Sie schwiegen für einen Moment.

»Ich weiß, wie du zur Luftwaffe stehst. Glaub mir, ich verstehe das«, versicherte ihr Friedrichs. »Aber ich würde dich wirklich gerne sehen und mit dir … reden.«

»Nur reden?«, fragte Caroline schelmisch nach.

Friedrichs spürte, wie eine warme Röte seinen Wangen hinaufstieg. »Ähm, ja.«

»Das klang jetzt wenig überzeugend, mein Lieber«, feixte sie, dass man es quasi durch die Leitung hören konnte.

Ich mag es, wenn sie lacht, schoss es Friedrichs durch den Kopf.

»Darf ich dich trotzdem besuchen?«, fragte er hoffnungsvoll nach.

»Ja, du darfst«, antwortete sie sofort.

»Morgen?«

Sie zögerte einen Moment. »In Ordnung. Aber erst gegen Mittag.«

»Einverstanden.«

»Gut. Dann … dann bis Morgen.«

»Bis Morgen. Ich freue mich.«

»Ja, ich mich auch. Daniel, ich … bis Morgen«, sagte sie und legte schnell auf.

Friedrichs hängte den Hörer ein und versuchte vergeblich, sein wild schlagendes Herz zu beruhigen.

Am nächsten Tag

Nachdem er seinen Volkswagen geparkt hatte, ging Friedrichs über den kurzen, gepflasterten Weg zum Haus. Vor der Tür angekommen, stoppte er und prüfte noch einmal sein Erscheinungsbild.

Was tust du?, überlegte er, verwundert darüber, dass er so nervös war. Du machst dich zum Affen! Du bist kein verliebter Gymnasiast mehr, sondern ein Offizier und Kampfpilot. Also benimmt dich auch entsprechend, du furchtloser Krieger!

Er klingelte.

Caroline musste hinter der Tür gewartet haben, denn nach wenigen Herzschlägen öffnete sie. Sie trug ein elegantes, sehr kurzes rotes Kleid, dass ihre Figur optimal betonte. Friedrichs fand, dass sie hinreißend aussah.

Dann schlug sie die Hände zusammen.

»Um Himmels Willen!«, stieß Caroline erschrocken hervor. »Das nennst du einen kleinen Kratzer? Dein Auge ist blau und das Gesicht ganz geschwollen!«

»Naja, so was passiert eben, wenn man mit 450 Knoten auf einen Bussard trifft. Den armen Vogel hat es viel schlimmer erwischt«, versuchte Friedrichs die Angelegenheit herunterzuspielen.

»Komm rein«, verlangte sie bestimmt und schüttelte den Kopf.

Friedrichs trat ein und sie schloss rasch die Tür. »Marsch, in die Küche!«

»Zu Befehl, Frau Feldwebel.«

»Mach keine Witze darüber!«, sagte sie in scharfem Tonfall. »Ich verstehe genug davon, um zu wissen, dass du verdammt noch mal Glück gehabt hast!«

Friedrichs zerdrückte seine Antwort auf den Lippen. Caroline war schon aufgebracht genug.

»Setzt dich. Ich sehe nach, ob ich etwas Eis für dein Gesicht habe«, sagte sie, sanfter dieses Mal und strich mit der Hand über seine Schulter.

Friedrichs zuckte bei der Berührung so zusammen, als hätte er einen Stromschlag erhalten. Caroline schien es nicht bemerkt zu haben oder sie ließ sich nichts anmerken.

Friedrichs nahm auf einem Küchenstuhl Platz.

Sie ging derweil zum Kühlschrank und kramte einige Eiswürfel aus dem Gefrierfach hervor. Dann trat ihn an ihn heran und fuhr mit dem Würfel über seine geschwollene Gesichtshaut. »Ist das gut?«

»Ja, sehr gut.«

Sie beugte sich zu ihm herunter. »Ich bin wirklich froh, dass du hergekommen bist.«

»Ich auch.«

Sie fuhr mit dem Eiswürfel zu seinen Lippen herab und er nahm ihre Hand und küsste jeden einzelnen ihrer Finger.

»Daniel ...«

Friedrichs zog sie an sich. Er konnte spüren, dass sie zitterte. Ihre Beine vermochten sie nicht mehr zu tragen und sie saß mit einem Male auf seinem Schoß. Er schlang die Arme um sie.

»Oh, Daniel, ich wünschte, du würdest das nicht tun«, sagte sie mit bebender Stimme.

Er streichelte ihren Rücken. »Warum?«

Caroline schüttelte nur den Kopf, dann umfassten ihre Hände seinen Nacken und sie küssten sich. Es war ein atemloser Kuss, der sie beide bis ins Innerste traf.

Mit Mühe zwang sich Caroline, ihre Lippen von seinen zu lösen.

»Daniel ... Daniel, hör auf«, bat sie, obgleich ihr Tonfall ihre Worte sofort Lügen strafte. »Bitte. Alberts Mutter kann jeden Moment hier auftauchen, um Robert zurück zu bringen.«

»Okay.« Sie küssten sich noch einmal, zärtlich, voller Wärme.

Etwas widerwillig gab er sie frei. Caroline stand auf und trat einige Schritte zur Seite.

»Was machst du nur mit mir?«, klagte sie.

»Ich mit dir?« erwiderte er. »Was machst du mit mir?«

Sie strahlten sich an.

»Später«, sagte Caroline mit belegter Stimme, was nicht dazu beitrug, Friedrichs wild rauschendes Blut zu besänftigen.

Es klingelte.

»Und da ist sie schon«, seufzte Caroline, überprüfte den Sitz ihres Kleides und ging in den Flur.

Friedrichs atmete tief durch und erhob sich.

»Mama!«, krähte eine Jungenstimme fröhlich.

»He, mein Junge«, sagte Caroline. »Danke, dass du ihn hergebracht hast.«

»Kein Problem. Ich habe den Jungen gerne um mich. Mehr ist mir ja von meinem Albert nicht geblieben«, schallte die etwas unterkühlt klingende Stimme einer älteren Frau im Flur.

Friedrichs hob verwundert die Augenbrauen.

Bilde ich mir das nur ein, oder steht Mutter Wegener ihrer Schwiegertochter nicht besonders nahe?

Jene Mutter Wegener betrat die Küche, erstarrte beim Anblick Friedrichs, fasste ihn dann scharf ins Auge und musterte ihn einige Sekunden lang misstrauisch. Der Offizier nickte höflich, presste etwas verlegen ein »Gnädige Frau« aus sich heraus.

»Wer ist das?«, verlangte sie wissen.

Friedrichs strich sich über das geschwollene Auge. Ihn überkam der Gedanke, auf die gute Dame wie ein Trunkenbold wirken zu müssen, der bei der letzten Kneipenschlägerei nicht gut dagestanden hat.

»Guten Tag«, sagte er ergeben und nickte erneut.

»Guten Tag!« Es wirkte, als hätte Mutter Wegener den Namen einer todbringenden Krankheit ausgesprochen. Geradezu ausgespuckt hatte sie die Grußformel. Sie drehte sich zu ihrer Schwiegertochter um und wiederholte ihre Frage: »Wer ist das?«

Caroline beeilte sich in die Küche, den kleinen Robert auf dem Arm. Der Junge hatte die gleichen braunen Haare wie sein Vater, aber die Augen waren eindeutig die seiner Mutter. Die Erinnerung an Caroline in ihrem Hochzeitskleid blitzte in Friedrichs

Kopf auf. Der Junge drückte das Gesicht an die Schulter seiner Mutter, um sich zu verstecken.

»Das ist Oberleutnant Friedrichs,« stellte Caroline ihren Besucher vor.

»Oh, waren Sie nicht ein Freund meines Sohnes? Sie waren doch auf Alberts Hochzeit«, erkannte ihn Mutter Wegener nun wieder.

Es ist genauso Carolines Hochzeit gewesen, folgerte Friedrichs gedanklich und spürte, wie sich Ärger in ihm zu regen begann.

»Daniel, das ist Frau Wegener, meine Schwiegermutter, von der ich dir bereits erzählt habe.«

Mutter Wegener funkelte erst Caroline, dann Friedrichs an. Daraufhin spitzte sie die Lippen. »So, so, Sie sind bereits per du?«, stellte sie mit hörbarer Empörung fest. »Und was ist mit Ihrem Gesicht passiert?«

»Ein Vogel hat die Kanzel meines Düsenfliegers durchschlagen.«

»Aha.« Mutter Wegener lächelte, aber er konnte in ihren Augen gleichzeitig eine unfreundliche Frage lesen: Wie konnten Sie einen solchen Unfall überleben und nun in der Küche meiner Schwiegertochter herumstehen, während mein Sohn sterben musste?

Caroline reichte Robert wortlos an Friedrichs weiter, was den Oberleutnant völlig überrumpelte.

»Ich mache für uns Kaffee.«

Robert stemmte die Hände gegen Friedrichs Brust und forschte argwöhnisch in den Zügen des Erwachsenen. Friedrichs, der nicht damit gerechnet hatte, so plötzlich ein Kind auf dem Arm zu halten, fing sich und kniff dem Jungen ein Auge. Der gluckste vergnügt.

»Geben Sie ihn mir«, forderte Mutter Wegener. »Sie sind ein Fremder für ihn.«

Friedrichs wollte ihr den Jungen geben, doch der klammerte sich an seinem Hals fest und sagte: »Nein!«

»Ich halte ihn eine Weile«, erklärte Friedrichs.

»Wie Sie meinen«, kam die Antwort, spitz und giftig.

Alte Hexe, dachte Friedrichs.

Robert streckte seiner Oma die Zunge heraus.

Guter Junge.

In den nächsten 30 Minuten erfuhr Mutter Wegener von Daniel Friedrichs, dass er noch Junggeselle war …

»Gut für Sie. Warten Sie auf das richtige Mädchen!«

…, dass er Berufssoldat war …

»Das war mein Albert auch. Hätte er auf mich gehört, wäre er zur Lufthansa gegangen und wäre jetzt noch … na ja …«

…, und dass Friedrichs Eltern nicht mehr lebten. Der Krieg hatte ihn zum Vollwaisen gemacht …

»Oh, wie schlimm für Sie.«

Friedrichs wiederum hörte, dass Albert – Gott habe ihn selig – immer gut für Caroline und Robert gesorgt hatte …

»Er war immerhin das Beste, das ihr je passiert ist!«

…, dass Caroline eine Arbeitsstelle als Sekretärin in einer Anwaltskanzlei gefunden hatte …

»Sie muss ja schließlich Alberts Jungen versorgen! Die paar Mark, die es als Entschädigung vom Bund gab, sind doch lachhaft und können den Tod meines Alberts nicht aufwiegen!«

…, und dass sie nicht ohne Verehrer war …

»Dieser Anwalt, Herr Fridolin, ist ja so nett.«

Friedrichs nickte an den richtigen Stellen und gab ab und zu einen kurzen Kommentar zum Besten, und zwar immer dann, wenn Mutter Wegener Luft für die nächste spitzfindige Äußerung holte. Er hatte Sitzungen beim Zahnarzt hinter sich gebracht, die ihn weniger gequält hatten.

Schließlich stand Mutter Wegener auf. »Es ist schon spät«, befand sie. »Ich sollte gehen.«

»Schön, dass du hier warst«, sagte Caroline, was in Friedrichs Ohren ein wenig zu offensichtlich gekünstelt klang, um aufrichtig zu sein.

»Ja.« Mutter Wegener musterte Friedrichs erneut wie ein Schlachter das Pferd musterte, bevor er ihm die Kehle durchschnitt. »Sie müssen sich doch sicherlich auch wieder auf den Weg machen, oder, Oberleutnant?«

Friedrichs erhob sich. »Ja, das sollte ich wohl. Danke für den Kaffee, Caroline. Und für das Gespräch natürlich.«

Allein für Mutter Wegener schob er hinterher: »Es hat mir sehr gutgetan, über Albert zu reden. Wir sollten das wiederholen.«

»Schön, dass du da warst«, sagte Caroline und lächelte ihn an. Sie reichte ihm die Hand und strich mit dem Daumen über seinen Handrücken. »Und ja, wir sollten das unbedingt wiederholen.«

Sie hob Robert auf den Arm. »Sag: ›Auf Wiedersehen‹ zu Onkel Daniel.«

»Wiedersehen, Onkel Daaaniel!«, trompetete Robert.

»Bis bald, mein Kleiner.«

Friedrichs verließ das Grundstück, Mutter Wegener aber blieb noch in der Tür stehen, zweifellos, um ihre Schwiegertochter darauf hinzuweisen, dass es sich für eine Witwe nicht gehöre, die Freunde ihres verflossenen Mannes zu treffen.

»Was sollen denn nur die Leuten denken?«

Friedrichs stieg in den Käfer, winkte Caroline und Robert zu, die zurückwinkten, und startete dann den Wagen. Sein Besuch bei Caroline war zwar etwas anders verlaufen, als er es sich gewünscht hätte, aber als er zurück zum Fliegerhorst fuhr, ertappte er sich dabei, vergnügt Honolulu-Baby vor sich hinzupfeifen.

Rygge, Norwegen, zwei Wochen später

Hauptmann Dirk Lindner und Oberleutnant Norbert Gajewski gehörten zum Jagdbombergeschwader 33, das seinen Standort in Büchel hatte.

An diesem Tag allerdings befanden sie sich im Rahmen ihres Ausbildungsprogramms in Norwegen. Durch sogenannte »Überlandflüge« sollten sich die Piloten mit den örtlichen Flugbedingungen in anderen NATO-Länder vertraut machen. Schließlich konnte niemand vorhersagen, ob man im Ernstfall in heimischen Gefilden oder nicht doch über dem Territorium eines verbündeten Staates kämpfen würde.

Zu Beginn des Starfighter-Zeitalters Anfang der 60er Jahre hatte die Bundeswehr derartige Flüge noch nicht unternommen, zu groß war die Gefahr technischer Probleme, die vor Ort nicht gelöst werden konnten. Zeitweise vermochte die Luftwaffe Überlandflüge nur dem Strahltrainer T-33A anzuvertrauen. Doch inzwischen flog der Starfighter auch für andere europäische Nationen wie etwa Belgien, die Niederlande, Dänemark, Norwegen und Italien. Sogar Spanien, Griechenland und die Türkei beschafften den Lockheed F-104. Damit stellten kleinere Reparaturen keine Schwierigkeit mehr da, sie konnten notfalls von Mechanikern anderer mit dem Starfighter ausgerüsteten Luftstreitkräfte bewerkstelligt werden.

Somit konnten die für das Navigationstraining sehr wichtigen Überlandflüge in ferne Regionen der NATO-Länder nun auch endlich mit dem Starfighter unternommen werden.

An diesem Morgen waren Lindner und Gajewski auf dem Flugplatz Rygge, 60 Kilometer südöstlich von Oslo, zwischengelandet. Es nieselte.

»Sieht nicht so aus, als würde der Regen nachlassen«, meinte Lindner.

Gajewski warf einen prüfenden Blick in den grauen Himmel. »Da könntest du recht behalten.«

»Gehen wir erst mal Frühstücken. Vielleicht irren sich die Wetterfrösche doch und es klart gleich auf.«

Das Frühstücksbuffet im Offizierskasino war gut besucht. Auf dem Tisch standen Leckereien wie Fischsalat und gepfefferter Hering. Lindner und Gajewski langten kräftig zu.

Erst, als sich beide gesetzt und zu essen begonnen hatten, wurde ihnen bewusst, dass im Kasino eine frostige Atmosphäre herrschte.

»Liegt das an mir oder bombardieren uns die norwegischen Kameraden mit feindseligen Blicken?«, flüsterte Gajewski.

Lidner schüttelte sich, lugte verstohlen zu den Nebentischen rüber.

»Nein, das liegt nicht an dir«, bestätigte er. »Die starren uns an, als wären wir überführte Kindermörder.«

Gajewski blieb der Hering im Halse stecken. Er würgte. Und fühlte sich mit einem Mal ganz unbehaglich.

Die anwesenden Norweger bedachten die beiden Deutschen mit bitterbösen Blicken. Um die Gründe dafür zu verstehen, musste man an den Krieg zurückdenken. Beginnend ab dem 9. April 1940 hatte die Wehrmacht Dänemark und Norwegen besetzt. Für die Norweger, die damals 3,2 Millionen Einwohner zählten, war das ein schwerer Schock gewesen. Bis das Dritte Reich im Mai 1945 kapitulierte, hatten 400.000 Deutsche in ihrem Land gestanden. Gleich nach Kriegsende begann in Norwegen, wie auch in fast allen befreiten Ländern, die Jagd auf echte oder vermeintliche Kollaborateure. Tausende von Frauen, die sich mit den Besatzern eingelassen hatten, wurden öffentlich an den Pranger gestellt. Die Kinder von Deutschen und Norwegerinnen mussten schwere Zeiten durchstehen. In den Köpfen der Norweger war die Erinnerung an den Krieg noch sehr lebendig. Und jetzt sahen sie deutsche Flugzeuge mit dem schwarzen Balkenkreuz auf ihrem eigenen Flugplatz. Viele norwegische Militärangehörige hatten kein Verständnis dafür.

Der Wind trieb dicke Regentropfen gegen die Fensterscheiben des Kasinos. Lindner bemühte sich, die eisigen Blicke der Norweger zu ignorieren und spähte hinaus. Gleich hinter dem Flugplatz zog sich die hüglige Landschaft des Oslofjords bis zur Küste hinaus. Ein starker Südwind überzog die geparkten Flugzeuge mit Regengüssen.

»Besser wird es nicht«, nuschelte Lindner in seinen Bart hinein.

»Das Wetter?«, fragte Gajewski. »Oder die Stimmung?«

Lindner antwortete nicht. Er war 1940 geboren worden und hatte seinen eigenen Vater nie kennengelernt. Der verdammte Krieg …

»Erlösen wir die Norweger.«

»In Ordnung.«

Es dauerte jedoch noch bis zum Mittag, ehe sie endlich auf die Startbahn rollen konnten. Hauptmann Lindner startete als erster, Oberleutnant Gajewski als sein Flügelmann. In einer Höhe von 1.500 Fuß fuhren sie die Klappen ein und Lindner warf einen Blick auf seine am Oberschenkel befestigten Karte.

»Fuchs Eins an Fuchs Zwo«, rief er Gajewski. »Ersten Wegpunkt anfliegen.«

»Fuchs Zwo. Verstanden.«

In einer Höhe von 2.000 Fuß folgten sie der Westküste. Der Himmel hatte tatsächlich aufgeklart: passable Sicht, so fünf bis sechs Kilometer, und nur vereinzelte Regenschauer. Sie passierten Stavanger, Bergen und Trondheim und drehten dann wieder nach Süden.

Betrachtete man Skandinavien auf der Landkarte, so ähnelte das Gebiet mit ein wenig Vorstellungskraft einem riesigen Hund. Dort, wo dieser Hund seine Schnauze hatte, also an der Südspitze Norwegens, lag der Alivdalenfjord. In diesem Fjord gab es einen Staudamm mit einem Wasserkraftwerk. Und genau dieses Kraftwerk sollten Lindner und Gajewski simuliert angreifen.

»Fuchs Eins an Fuchs Zwo. Wir gehen runter.«

»Zwo hat verstanden.«

Mit einem eleganten Abschwung tauchte Lindner in den Fjord und ließ den Starfighter von 2.000 auf 500 Fuß absinken. 150 Meter war die erlaubte Mindestflughöhe über See.

Erregung durchflutete Lindner, als er mit 450 Knoten durch den Fjord raste. In wenigen Sekunden würde er das Kraftwerk erreichen. Was sollte jetzt noch schief gehen?

Ihr Angriffsziel hätte die beiden Deutschen eigentlich stutzig machen müssen. Ein Wasserkraftwerk nutzte fließendes Wasser zur Erzeugung von Strom. Und Storm wurde durch elektrische Leitungen zum Verbraucher geführt, die an hohen Masten hingen. Allerdings waren diese Stromleitungen nicht auf den Fliegerkarten eingezeichnet und auch bei den Vorflugbesprechungen hatte niemand daran gedacht.

Hauptmann Lindner schaltete seine Bordbewaffnung und die Kamera ein, um seinen Anflug auf das Kraftwerk zu filmen. Das gelbe Bombenvisier lag genau über dem Bauwerk.

Treffer!

Der Hauptmann zog seine Maschine hoch und bemerkte erst jetzt die hauchdünnen schwarzen Linien, die ihm den Weg versperrten.

»Scheiße!«, stieß er erschrocken aus und versuchte verzweifelt, den Starfighter zur Seite zu rollen. Zu spät.

Schrammmm!

Die Leitung klatschte gegen das Kanzeldach und wurde einen Wimpernschlag später vom Leitwerk durchtrennt. Ein Teil der Leitung wickelte sich um das T-förmige Ruder am Heck und riss es ab. Lindner erkannte sofort, dass die nun steil abkippende Maschine nicht mehr zu halten war und zog am Schleudersitzauslöser zwischen seinen Beinen. Binnen Bruchteilen einer Sekunde wurden seine Arme und Beine vom Rettungssystem dicht an den Körper gezogen, dann löste der Raketenantrieb des Sitzes aus und Lindner verlor kurzzeitig das Bewusstsein. Er kam erst wieder zu sich, als er am Fallschirm hängend zu Boden sank.

Gajewski, nur Sekunden hinter Lindner heranzischend, kippte seinen Starfighter hart nach rechts, um seinem Kameraden auszuweichen, der auf seinem Schleudersitz durch die Luft ritt. Wären die Stromleitungen nicht schon vom Flugzeug des Hauptmanns durchtrennt worden, so hätte Gajewski sie nun abrasiert. Unter vollem Nachbrennereinsatz zog er mit einer 5-G-Kurve steil nach oben, um aus dem engen Fjord herauszukommen.

Lindners F-104 trudelte wild umher und klatschte schließlich ins kalte Wasser des Fjords.

»Gottverdammt!«, fluchte Gajewski, als er in 1.500 Fuß über dem Alivdalenfjord kurvte, um Lindners Abstieg per Fallschirm zu verfolgen. Wie nicht anders zu erwarten, trieb der Wind den

Hauptmann auf die See hinaus, und so landete er wenig später im Wasser.

»Mist!« Gajewski aktivierte den Funk. »Mayday. Mayday. Mayday.«

Die Rettungsmannschaft konnte den völlig durchgefrorenen Lindner wenig später aus dem Wasser bergen. Beide Piloten blieben unverletzt und auch am Boden war niemand zu Schaden gekommen.

Aber ganz Südnorwegen war für zwei Tage von der Stromversorgung abgeschnitten. Die norwegischen Medien bemühten sich, die Deutschfeindlichkeit im Lande weiter anzuheizen und beschworen Bilder, als wäre die Wehrmacht persönlich erneut im Land einmarschiert. In den darauffolgenden Tagen geisterten Begriffe wie »Nazis« und »Invasion« durch die Zeitungen. Dies gipfelte in der Forderung, die beiden deutschen Piloten als Kriegsgefangene festzuhalten. Die Hysterie legte sich erst wieder, als die Bundeswehr zusagte, für die entstandenen Schäden aufzukommen.

Allerdings waren die Stromleitungen des Kraftwerks im Alivdalenfjord nicht einmal auf den Karten der Norweger verzeichnet, wie die Untersuchungskommission später rügend festhielt.

Einen Monat später

Friedrichs fasste Caroline an den Armen und zog sie eng an sich. Er beobachtete, wie sich ihre dunklen Augen schlossen, und küsste sie leicht.

»Hmm«, machte sie und schlug die Augen wieder auf. »Das gefällt mir.«

»Ja, mir auch.«

Sie drängte sich fest gegen ihn, hob die Arme und schlang sie um seinen Hals.

Erneut küssten sie sich.

Friedrichs hätte ihre Lippen am liebsten endlos weiter an seinen gespürt, aber dann schob sie ihn sanft von sich fort. Er merkte, dass er schwer atmete und stellte fest, dass Caroline ebenfalls außer Atem war.

»Also, dieses Küssen in der Öffentlichkeit muss wirklich aufhören«, ließ sich die Stimme von Staake vernehmen.

»Karl!« Birgit verpasste ihrem Ehemann einen leichten Klaps auf den Hinterkopf. »Du solltest dich schämen!«

Friedrichs und Caroline traten in der Küche der Familie Staake einen weiteren Schritt auseinander und sahen ihre Gastgeber etwas verlegen an.

»Der Öffentlichkeit ist das egal, glaube ich«, meinte Friedrichs dann zu Staake. »Aber du könntest wirklich ein besserer Freund sein.«

»He, ich bin dein bester Freund«, beschwerte sich der Leutnant. »Ich lasse dich in unserer Küche mit deiner Freundin herumknutschen!«

»Auch wieder wahr.«

»Herumknutschen«, wiederholte Caroline und blickte gespielt finster drein. »In der Küche?«

»Wenn du einen anderen Ort vorziehst, an mir soll´s nicht liegen«, giggelte Friedrichs wie ein Kind.

Caroline lachte auf. »Da fällt mir vielleicht schon was ein.«

»Beherrscht euch, Kinder«, verlangte Birgit amüsiert. »Jetzt wird erst einmal gegessen.«

Karl Staake und seine Frau Birgit hatten Daniel Friedrichs und Caroline Wegener samt Robert zu sich nach Hause eingeladen. Draußen im Garten hatte Otto Gemersheim die Aufsicht über den Grill übernommen, während dessen Gattin Monika die Kinder im Garten im Auge behielt. Robert, Kerstin und Nadine Gemersheim rannten herum, quietschten und gackerten.

Die vier Erwachsenen in der Küche nahmen das Brot und die Schüsseln, gefüllt mit verschiedenen Salaten, mit nach draußen und platzierten alles auf dem langen Holztisch, der mittig der Terrasse stand. Mehrere Gartenstühle boten genügend Sitzplätze für alle Anwesenden.

»Wie lange wird es mit den Schnitzeln noch dauern?«, wollte Staake wissen.

»Keine Ahnung«, verkündete Gemersheim fröhlich. »Die sind erst fertig, wenn die grau geworden sind, nicht?«

Staake schaute seinen Kameraden einen Moment lang verständnislos an, dann begriff er.

»Du meinst die Holzkohle!«

Friedrichs, Caroline und Birgit lachten, während Monika nur mit dem Kopf schüttelte.

Gemersheim grinste breit. »Die kleinen, schwarzen Dinger sind schon grau und das Fleisch ist durch. Wir haben also Starterlaubnis.«

Staake schnappte sich den Teller und trat zu ihm an den Grill. »Dann lade mal auf.«

Sein Kamerad belud den Teller mit Schnitzeln und Bratwürstchen, ehe er ihn zum Tisch beförderte.

»Ich hoffe, ihr habt alle großen Hunger«, trällerte Monika, als sie den riesigen Berg aus Fleisch sah. »Mein Mann hat scheinbar einen ganzen Schweinestall gegrillt.«

»Ach, sollte ich das etwa nicht?«

Monika schüttelte erneut den Kopf. »Kinder! Kommt essen!«

»Das war köstlich«, befand Caroline wenig später. »Du musst mir das Rezept für die Marinade geben, Birgit.«

»Gerne.«

Die drei Männer am Tisch sahen sich kurz an und lächelten verschmitzt.

»Was?«, wollte Caroline wissen.

»Nichts.« Friedrichs griff nach einem halben Brötchen, bestrich es mit Butter und stopfte es sich mit drei Bissen rein.

Die Frauen tauschten sich bald über Kindererziehung und andere Themen aus, mit denen Friedrichs nicht viel anfangen konnte. Er und seine Kameraden fachsimpelten lieber über die Fliegerei. Aber es freute ihn, dass Caroline so gut mit Birgit und Monika zurechtkam.

Es wurde langsam dunkel.

»So, liebe Herren der Schöpfung«, verkündete Birgit schließlich. »Ihr dürft jetzt die Kinder einfangen.«

»Na, dann hol mal das Lasso raus, Karl!« Die Männer lachten und erhoben sich. Die Kinder wussten bereits, was nun Phase war, und rannten wie die aufgescheuchten Hühner durch den Garten. Bald lagen sie lachend in den Armen ihres Vaters respektive Friedrichs und wanden sich unter Kitzelattacken.

Birgit drehte sich Caroline zu, wisperte mit ernstem Unterton: »Ich kenne Daniel jetzt schon seit einigen Jahren. Und ich sage dir, heute ist ein ganz besonderer Abend.«

»Warum denn das?« Caroline beugte sich neugierig zu Birgit vor.

»Weil der Junge ab heute endgültig vom Markt ist, wenn du nicht so dumm bist, ihn ziehen zu lassen«, erläuterte Birgit kühl.

Monika nickte zustimmend. »Er ist hoffnungslos in dich verliebt.«

»Ich weiß.« Caroline klang nun ebenfalls ganz ernst.

Die Männer gönnten den Kindern eine Atempause und kehrten mit ihnen zum Tisch zurück. Birgit beeilte sich noch zu sagen: »Lass dich nicht von der Vergangenheit davon abhalten, dein Glück zu finden.«

Caroline sah die beiden anderen Frauen an. »Danke«, presste sie aus sich hervor.

Sie nickten einander zu.

Monika sah zu ihrem Mann auf. »Schatz, bring uns nach Hause.«

»Sofort, mein Herz«, antwortete Gemersheim gehorsam.

»Seht ihr?«, sagte Monika triumphierend. »Ich habe ihn gut erzogen.«

Alle lachten. Carolines perlendes Strahlen wärmte Friedrichs Herz.

»Es war lustig«, fand Caroline und schloss erst Monika und dann Birgit in ihre Arme. »Ich hoffe, wir können das wiederholen.«

»Ganz bestimmt.«

»Wir sehen uns, Jungs«, verabschiedete sich Gemersheim, der Nadine auf dem Arm trug.

»Bis dann.«

Die Familie Gemersheim verließ das Anwesen.

»Wir machen uns dann auch auf den Weg«, verkündete Caroline. »Komm, Daniel.«

»Komme schon.«

»Kumpel«, raunte Staake leise ihm noch leise zu. »Wenn du jetzt schon so unter'm Pantoffel stehst, bist du verloren.«

»Karl!« Erneut klatschte Birgit ihm auf den Hinterkopf.

»Autsch!«

»Vergiss, was er gesagt hat, Daniel«, zischelte Birgit energisch. »Caroline liebt dich und du liebst sie. Das ist alles, was zählt.«

»Ich danke dir.« Friedrichs drückte sie kurz. »Ohne dich und deinen Anruf wären wir nie zusammengekommen.«

»Gern geschehen. Auf bald!«

»Wir sehen uns!«

Friedrichs fuhr Caroline und Robert zurück nach Hause, der 22-kW-Motor tackerte gleichmäßig. Der Junge schlief auf der Rückbank rasch ein. Caroline hatte sich zu Friedrichs herübergeneigt und schmiegte sich an seine Seite. Die ganze Zeit über sah sie ihn an.

Viel zu schnell erreichten sie ihr Haus.

»Da sind wir.«

Friedrichs trug Robert in dessen Zimmer. Der Junge war dermaßen müde, dass er nicht einmal aufwachte, als sie ihm den Schlafanzug überstreifte.

»Er schläft wie ein Stein«, sagte Caroline erleichtert.

»Kein Wunder, so wie er herumgetobt ist«, meinte Friedrichs lächelnd.

»Ja.« Sie trat ganz nahe an ihn heran. »Es ist schon spät.«

»Ich weiß.« Er sah ihr ganz tief in die Augen und glaubte, Liebe darin schimmern zu sehen. »Ich sollte wohl gehen.«

»Das musst du nicht«, sagte sie leise.

Er nahm Caroline in die Arme und küsste sie. Zuerst liebevoll. Dann regelrecht leidenschaftlich.

»Lass uns ins Schlafzimmer gehen«, hauchte sie atemlos und presste ihre Lippen gierig auf seine.

Ohne den Kuss zu unterbrechen, hob Friedrichs sie hoch, steuerte das Schlafzimmer an und kollidierte prompt mit dem Türrahmen.

»Aua!«, lachte sie.

Er schaffte die nötigen Kurskorrekturen, trat ins Zimmer und schloss die Tür mit dem Fuß.

Flugplatz Nörvenich, einige Wochen später

Der DKW-Kleinbus brachte Friedrichs und Staake zum Vorfeld. Es nieselte und der Himmel war wieder einmal grau. Die beiden Piloten stiegen aus und staksten zu ihren Maschinen hinüber. Die auf den Unimogs montierten Kompressoranlagen standen schon bereit, um die Triebwerke der beiden Starfighter anzulassen. Die Bordwarte und die Bodenmannschaft hatten die Maschinen bereits startklar gemeldet.

Gemeinsam mit den Warten führten Friedrichs und Staake die Vorflugkontrolle durch und prüften Hydraulik, Pumpen, Elektrik, Fahrwerk, Klappen und die Instrumente. Fehler stellten sie dabei keine fest. Sie unterzeichneten auf den Klemmbrettern. Über die Leitern kletterten sie hinauf ins Cockpit und stiegen auf die Schleudersitze. Sie setzten Kopfschutz und Helm auf und sperrten so zumindest einen Teil des Lärms aus, der das Gelände fest in seinem Griff hielt.

Friedrichs steckte den Schlauch der Sauerstoffmaske in die dafür vorgesehene Buchse und spürte, wie frisches Oxygenium in sein Gesicht strömte. Oberfeldwebel Seidel zog derweil die Sicherungsbolzen aus dem Schleudersitz und zeigte sie ihm. Friedrichs nickte ihm übertrieben deutlich zu, um anzuzeigen, dass er die Bolzen gesehen hatte.

Nach den letzten Kontrollen erfolgte das Anlassen des Triebwerks und kurz darauf erhielt Friedrichs die Erlaubnis zum Rollen. Staake ebenso.

Nacheinander folgten die beiden Flugzeuge den Rollwegen zur Startbahn, wo sie für die Last-Chance-Kontrolle stoppten.

»Foxhound Eins, klar zum Start.«

»Zwo, klar zum Start«, meldete Staake.

»Tower, hier Foxhound Eins und Zwo. Klar zum Start.«

Der Lotse im Kontrollturm drückte auf die Sprechtaste. »Foxhound Eins und Zwo. Start freigegeben.«

»Foxhound Eins, wir starten.«

»Zwo hat verstanden.«

Friedrichs gab Schub. Mit röhrendem Triebwerk raste er die Startbahn hinunter. Bei Erreichen der Startgeschwindigkeit zog er den Bug seines Strahlenjägers nach oben und hob ab. Staake in seiner Maschine blieb während des ganzen Vorgangs wie ankettet an Friedrichs rechter Fläche kleben.

»Foxhound Zwo, hier Eins. Gehen wir über die Wolken.«

»Zwo. Roger.«

Friedrichs zog den Steuerknüppel zurück und hielt auf die Wolkendecke zu. Sein Starfighter durchstieß die untersten Schichten des Gewölks. Die Sichtweite reduzierte sich schlagartig von acht Kilometern auf einen Meter. Die Steuer- und Anzeigeinstrumente wiesen ein Tempo von 380 Knoten und eine Höhe von 4.000 Fuß aus. Beide Werte nahmen rasch zu. Turbulenzen schüttelten Friedrichs ein wenig durch, während er immer höher stieg.

Der Höhenmesser zeigte bald 15.000 Fuß, als Friedrichs jäh von grellem Sonnenlicht geblendet wurde. Er zog den Blendschutz herunter. Der Starfighter glitt nun, wo er die tiefer liegenden Turbulenzen hinter sich gelassen hatte, so ruhig dahin wie eines der großen Passagierflugzeuge der Lufthansa.

Rechter Hand tauchte Staake aus der Suppe auf, er hatte seine übliche Position die ganze Zeit über gehalten. Sein Kopf mit dem dunklen Visier sah herüber und er zeigte den hochgereckten Daumen.

Friedrichs winkte. »Foxhound Eins an Zwo. Auf Kurs zum ersten Wegpunkt gehen.«

»Foxhound Zwo. Verstanden.«

Sie drehten nach Norden ab, wobei sich Friedrichs Starfighter etwas träger verhielt, als es ihm lieb war. Kein Wunder, waren die beiden Maschinen heute doch mit vier Außentanks beladen, auch »Kannen« genannt.

Ihr Überlandflug führte sie bis nach Schleswig-Holstein und dann über die Ostsee. Dort sollten sie vor dem ostdeutschen Luftraum kehrtmachen und die gleiche Strecke wieder zurückfliegen.

Die Landschaft unter ihnen zog nur so dahin und wurde zusehens flacher, als sie die norddeutsche Tiefebene erreichten. Sie überflogen gerade den Osten Schleswig-Holsteins, als sich die Radarleitstelle via Funk meldete: »Foxhound Eins und Zwo, hier Kontrolle Rover.«

»Kontrolle Rover, Foxhound Eins hört«, antwortete Friedrichs geschäftsmäßig.

»Foxhound, wir haben ein nicht identifiziertes Objekt auf dem Schirm, das sich unserem Hoheitsgebiet nähert. Bogey überprüfen und Identität melden. Ihr Steuerkurs ist null-sechs-drei, Höhe eins-acht-hundert.«

»Foxhound, bestätigt Kurs null-sechs-drei, Zielhöhe eins-acht-hundert«, wiederholte Friedrichs. »Zwo, hast du gehört?«

»Foxhound Zwo. Roger. Endlich passiert mal was«, freute sich Staake.

»Nur die Ruhe. Ist noch gar nicht raus, dass es sich um einen Iwan handelt.«

»Das werden wir ja sehen.«

Die Leitstelle mit dem Codenamen Rover führte sie oberhalb der Wolkendecke in die Nähe des Ziels. Nun war es an den Piloten, die unbekannte Maschine auszumachen. Die Radargeräte blieben während des Abfangmanövers ausgeschaltet, um den »Kunden« nicht zu verschrecken. Sobald die Flieger des Warschauer Pakts merkten, dass sie vom Bordradar der NATO-Maschinen erfasst worden waren, drehten sie in der Regel um und verschwanden in Richtung Osten. Ausnahmen dabei bildeten die mittleren und schweren Bomber der Russen, die bis hinaus in die Nordsee oder gar den Atlantik flogen, um dort Schiffe der NATO zu beschatten.

»Foxhound Zwo. Sichtkontakt. Auf ein Uhr, etwa eintausend Fuß höher«, meldete Staake.

Friedrichs sah hin und entdeckte einen großen, dunklen Punkt, etwa sechs Kilometer voraus. Staake hielt Kurs auf das Skagerrak, jene Meerenge zwischen Dänemark, Norwegen und Schweden.

»Gehen wir näher ran«, sagte Friedrichs und schob den Leistungshebel etwas nach vorne.

Als er sich auf vier Kilometer genähert hatte, stellte er überrascht fest, dass es sich um zwei kleinere Flugzeuge in enger Formation handelte.

»Aufpassen, Zwo, unser Bogey ist nicht alleine unterwegs!«

»Hier Zwo, ich sehe es.«

Friedrichs drückte sich näher an die Ostblock-Maschinen heran. Bei einem Abstand von 3.000 Metern konnte er die Linien auf den silbernen Rümpfen glasklar erkennen.

»MiG-21!«, rief er aufgeregt.

Sowohl die US-amerikanische F-104 als auch die sowjetische MiG-21 waren in den frühen 1950er-Jahren entstanden. Und beide Flugzeugtypen setzten Maßstäbe, die die jeweils andere Seite zu Anpassungen in ihrer Strategie zwang. Die MiG besaß einem mächtigen Deltaflügel, ein klassisches Seitenleitwerk und einen großen Lufteinlass am Bug mit kegelförmiger Spitze. Berichten der Amerikaner zufolge, die am Himmel über Vietnam regelmäßig auf jene MiG trafen, war sie ein fürchterlicher Gegner. Sie sollte so gut und so schnell steigen können wie der Starfighter, dabei jedoch deutlich wendiger sein. Kein Wunder, die MiG-21 war ein reiner Abfangjäger, während die deutschen Gustav als Bombenschlepper zum Einsatz kam.

Die schlechten Kurveneigenschaften waren eine Schwachstelle des Starfighters. Die geringe Flügelfläche brachte dies nun einmal mit sich. Sollte ein Gegner hinter eine F-104 gelangen, blieb dessen Piloten nur noch, den Nachbrenner zu zünden, den Knüppel nach vorne zu drücken und mit Vollgas das Weite zu suchen. Beim Angriff war jedoch der Starfighter im Vorteil. Von vorne war der schlanke Jet kaum auszumachen. Sollten sie …

Friedrichs warf einen prüfenden Blick über die Schulter. Die Sonne stand nahezu perfekt auf seiner Six und bot ihm zusätzliche Deckung. Und diesen Vorteil wollte der Oberleutnant ausnutzen.

»Foxhound Eins, ich schnappe mir den linken Bogey«, kündigte er an. »Zwo, häng´ du dich hinter seinen Flügelmann.«

»Zwo. Roger!«, rief Staake begeistert.

Friedrichs legte den Hauptwaffenschalter auf CAM, um die Kamera zu aktivieren, vergewisserte sich jedoch, dass die Bordbewaffnung auf SAFE geschaltet war. Er aktivierte das kreisrunde Visier der Bordkanone und glitt näher an die MiG-21 heran.

Jetzt ging alles sehr schnell.

Durchs sogenannte Frontscheibensichtgerät blickend, erschien die MiG rasch vergrößert. Da sich Friedrichs etwa 200 Meter unter ihr befand, konnte deren Pilot ihn unmöglich ausgemacht haben. Diesen toten Winkel zu überwachen, eben die sechs-Uhr-Position, wäre Aufgabe des Flügelmannes gewesen, aber der schien nur Augen für seinen Genossen zu haben.

Der Oberleutnant vergewisserte sich, dass der Schalter für die Bordwaffen immer noch gesichert war und drückte den Abzug durch.

Klick!

»Hab´ ich dich!«, rief er triumphierend. »Foxhound Eins, ich habe meine MiG!«

»Foxhound Zwo. Ich habe meine ebenfalls! Juhu!« Staake war außer sich vor Freude.

»Dann sagen wir den Kollegen von der anderen Fakultät mal hallo.«

Friedrichs gab geringfügig mehr Gas und setzte sich links neben die führende MiG, während Staake an seine linke Tragfläche wechselte.

»Holla!«, rief Friedrichs aus. »Na, wen haben wir denn da?«

Die beiden silbernen Flugzeuge trugen die Hoheitszeichen der ostdeutschen Luftstreitkräfte auf dem Seitenleitwerk. Das war ungewöhnlich, denn normalerweise tauchten an der Grenze nur Russen auf.

Der ostdeutsche Pilot der führenden MiG schien mit seiner Karte beschäftigt zu sein und sah erst jetzt auf. Sein Kopf zuckte überrascht zurück, als er die beiden oliv-grauen, mit Balkenkreuzen versehenen Starfighter direkt an seiner Flügelspitze entdeckte.

»Guten Tag!« Friedrichs winkte fröhlich rüber. »Ihr habt gepennt, Jungs!«

Der Ostdeutsche ließ vor Schreck die Karte fallen und hantierte in seiner Kanzel herum. Offenbar meldete er die beiden F-104 seinem Flügelmann, denn die zweite MiG begann plötzlich unruhig hin und her zu wackeln.

»Der wird seinem Kumpel gerade ein paar unschöne Kraftausdrücke an den Kopf werfen«, meinte Staake belustigt.

»Mag sein.« Unaufmerksamkeit konnte einen Piloten sehr schnell das Leben kosten.

Der Anführer der Ostdeutschen sah wieder zu Friedrichs hinüber. Er legte die Hand kurz an seinen Helm – was ein Gruß gewesen sein mochte oder nicht. Soweit Friedrichs wusste, war es den Piloten des Warschauer Pakts offiziell verboten, NATO-Flieger zu grüßen.

Die beiden MiG-21 legten die Tragflächen schräg und zogen gemächlich nach Steuerbord weg.

»Wir bleiben dran«, gab Friedrichs durch.

»Zwo. Verstanden.«

Für ein paar Minuten begleiteten sie die MiG nach Osten. Deren Piloten hatten vermutlich von ihrer Bodenstation gehörig den Kopf gewaschen bekommen, denn sie starrten stur geradeaus und ignorierten die NATO-Maschinen völlig.

Ziemlich leichtsinnige Art zu fliegen, fand Friedrichs. Sowas konnte gehörig ins Auge gehen.

Der Oberleutnant blickte auf seine Treibstoffanzeige.

»Foxhound Eins an Zwo. Zeit abzubrechen und nach Hause zu fliegen.«

»Foxhound Zwo. Bestätige.«

Sie drehten ab und ließen die MiG ziehen. Viel weiter hätten sie die Ostdeutschen ohnehin nicht begleiten können, sonst wären sie zu nah an den vom Warschauer Pakt kontrollierten Luftraum geraten.

Der Rückflug war für die immer noch aufgeputschten Piloten viel zu lang, aber reine Routine. Sie setzten ihre Maschinen auf die Landebahn und stellten sie auf dem Vorfeld ab, bevor sie zur Nachbesprechung eilten.

Der Nachrichtenoffizier des Geschwaders wurde ganz aufgeregt, als er die Aufnahmen sah, die von den Bordkameras angefertigt worden waren.

»MiG-21F-13«, sagte er mit Kennermiene und rückte seine Brille zurecht. »Das sind wunderbare Aufnahmen. Die haben sie eiskalt erwischt.«

Kurz darauf saßen Friedrichs und Staake im Kasino bei Onkel Jürgen und berichteten den neugierigen Kameraden ausführlich von ihrer Begegnung mit den beiden MiG.

»Mann, die haben vielleicht dumm aus der Wäsche geguckt«, schloss Staake, nachdem er seine Geschichte beendet hatte. »Denen haben wir gezeigt, dass mit uns nicht zu spaßen ist!«

»Saubere Sache«, befand Gemersheim.

Baensch verschränkte die Arme. »Mann, da wäre ich gern dabei gewesen.«

»Keine Sorge. Die im Osten haben genug MiG für uns alle«, meinte Matti Schulze.

Leises Gelächter ertönte.

Hauptmann Henke trat an die versammelten Piloten heran. »Meine Herren.«

»Herr Hauptmann.«

Henke sah Friedrichs und Staake an. »Daniel. Karl. Hervorragender Einsatz heute.«

»Danke, Chef.«

»Und es gibt noch mehr gute Nachrichten«, verkündete Henke. »Wie ihr ja alle wisst, verlegen wir einmal im Jahr nach Deci. Die List der Teilnehmer ist jetzt raus.«

»Deci«, das war die Abkürzung für die NATO-Basis Decimomannu auf Sardinien. Dort gab es ausgedehnte Shooting-Ranges für das Luft-Luft- und Luft-Boden-Schießen.

»Dieses Mal sind wir mit acht Piloten dabei«, fuhr Henke lächelnd fort. Er zog ein gefaltetes Blatt Papier aus seiner Jackentasche.

»Es kommen mit: Leutnant Kurt Staake. Leutnant Hans-Peter Bergmann. Oberleutnant Otto Gemersheim. Oberleutnant Daniel Friedrichs. Hauptmann Roland Henke. Das bin ich, falls es jemand vergessen haben sollte.«

Gelächter.

Henke grinste. »Weiter geht's: Oberleutnant Siegfried Kissel. Leutnant Matthias Schulze. Oberleutnant Dieter Suhr.«

Die Kameraden klopften den Auserwählten auf die Schulter. Der eine oder andere hieb ein wenig fester zu als es sich gehörte. Jeder wäre gerne mit nach Deci geflogen, denn das Schießtraining auf Sardinien galt als absolutes Highlight im normalen Staffelalltag.

»Übernächste Woche geht es los, also bereitet euch gebührend darauf vor«, fügte Hauptmann Henke an.

Friedrichs freute sich selbstredend auf Sardinien, aber es bereitete ihm Sorgen, wie Caroline wohl auf diese Nachricht reagieren mochte.

An diesem Abend

Daniel Friedrichs hatte Robert bei Mutter Wegener abgeholt. Diese hatte ihn erwartungsgemäß kurz angebunden abgefertigt und die Tür hinter ihm und Robert zugeschlagen. Er verbannte die unfreundliche Zicke aus seinen Gedanken und freute sich nun darauf, bei Caroline mit dem Jungen herumzualbern, bis diese von der Arbeit heimkehren würde. Er mochte den kleinen Racker wirklich. Und Robert mochte ihn anscheinend auch. Das war nur verständlich. Ein kleiner Junge brauchte einen Vater. Das wusste keiner so gut wie Friedrichs selbst. Seine Eltern waren Anfang 1945 bei einem Bombenangriff umgekommen. Der Bruder seines Vaters hatte den kleinen Daniel danach zu sich genommen und ihn wie seinen eigenen Sohn aufgezogenen. So liebevoll sich sein Onkel und gleichwohl seine Tante auch um ihn gekümmert haben mochten, egal, ob seine Cousins und Cousinen ihn als Bruder betrachteten, er konnte verstehen, was Robert fehlte. Ihm fehlte es ebenso.

»Ihr kommt aber früh nach Hause«, stellte Caroline fest, als Friedrichs, den kleinen Robert im Arm, in die Küche galoppierte.

Sie sagt ›nach Hause‹, dachte Friedrichs glücklich. Wenn das mal kein interessanter Freudscher Versprecher gewesen ist. Und warum ist sie überhaupt schon da?

»Reiten, Daniel! Reiten!«, verlangte Robert forsch.

Friedrichs wippte den Jungen auf und ab, was Robert ein vergnügtes Quietschen entlockte.

»Sie rief mich auf der Arbeit an, bevor du Robert abgeholt hast.« Caroline lehnte sich gegen den Küchenschrank.

»Wer?«

»Mutter Wegener.«

»Aha?« Friedrichs setzte Robert ab. »Und was wollte sie?«

»Sie sagte mir, dass sie sich in Zukunft nicht mehr um Robert kümmern könne, wenn ich arbeiten bin. Also bin ich früher gegangen, um zu sehen, was nun ist.«

»Deswegen war Mutter Wegener so komisch, als ich Robert geholt habe«, erkannte Friedrichs. »Ich habe mich schon gewundert, warum sie sich so aufgeführt hat.«

»Oh, ich weiß «, meinte Caroline. »Sie hat ihren eigenen Mann im Krieg verloren und ist immer noch in Trauer. Und jetzt ...«

»... und jetzt erwartet sie von dir, dass du ebenfalls den Rest deines Lebens in Trauer verbringst«, beendete Friedrichs den Satz für sie.

»So ungefähr.«

»Diese Hexe!«

»Hexe!«, krähte Robert sofort nach.

»Daniel«, ermahnte Caroline, als Friedrichs belustigt zu grinsen begann.

»Hexe!«, wiederholte Robert lauthals.

»Oh, … ähm … ver … verflixt«, sagte Friedrichs in einem, wie er hoffte, angemessen zerknirschten Tonfall.

»Hexe!«, trompetete Robert erneut und schien offenbar stolz auf sich selbst zu sein.

»Das vergisst du besser schnell, mein Kleiner«, meinte Friedrichs zu ihm, hob ihn hoch und knurrte ihm in den Nacken.

Robert johlte und Friedrichs setzte sich den Kleinen auf die Schultern.

»Lass ihn bloß nicht fallen!«

»Wir passen schon auf. Stimmt doch, oder, Robert?«

»Reiten, Daniel! Reiten!«, verlangte der Junge und Friedrichs trabte mit ihm herum.

»Wie schön, dass wenigstens ihr Spaß habt«, bemerkte Caroline sarkastisch. »Und was soll ich jetzt machen, wenn ich niemanden habe, der auf Robert aufpasst? Meine Arbeitsstelle einfach aufgeben?«

Friedrichs setzte den Kleinen ab. »Wir finden schon eine Lösung«, meinte er leichthin.

»Klar«, schnaubte sie verärgert.

»Immer mit der Ruhe.« Friedrichs sah sie einen Augenblick lang an, dann kam ihm eine Idee. »Ich muss mal eben telefonieren.«

Er ging in den Flur und nahm den Hörer vom Apparat. Aus dem Gedächtnis wählte er eine Nummer. Er forderte Caroline mit einem Winken auf, neben ihn zu treten, damit sie mithören konnte. Sie bedachte ihn mit einem hintergründigen Blick, kam dann jedoch zum Telefon, gerade noch rechtzeitig. Sie hörte, wie jemand abnahm.

»Staake.«

»Birgit! Daniel Friedrichs hier.«

»Oh!« Birgit Staake holte hörbar Luft.

»Keine Sorge, mit deinem Karl ist alles in Ordnung«, sagte Friedrichs sofort.

»Dann bin ich ja beruhigt«, meinte Birgit erleichtert.

»Ich rufe aus einem ganz anderen Grund an. Wir, also Caroline und ich, bräuchten deine Hilfe.«

»Was kann ich denn für euch tun?«, wollte Birgit ohne Zögern wissen.

»Karl hat mal erwähnt, dass du und Monika abwechselnd auf eure Kinder aufpasst, wenn ihr zu tun habt.«

»Das ist richtig. Monika hat eine Putzstelle ergattert. Sie können das zusätzliche Geld gut gebrauchen.«

»Wer könnte das nicht?«, fragte Friedrichs. »Die Sache ist nun die, das Mutter Wegener angekündigt hat, nicht mehr auf Robert aufpassen zu wollen, wenn Caroline arbeitet.«

»Ach, sag bloß?«

»Ja«, bekräftigte Friedrichs. »Caroline ist der Ansicht, dass das irgendwie mit mir zu tun haben könnte.«

Caroline kniff ihn in die Seite.

»Au!«

Birgit lachte hell. »Gib mir Caroline einfach mal«, kicherte sie.

Gehorsam reichte Friedrichs den Hörer weiter.

»Daniel, will reiten!«, meldete sich Robert zu Wort und zupfte an Friedrichs Hosenbein.

»Okay, mein Kleiner!« Er lud sich den Jungen wieder auf die Schultern und trabte erneut mit ihm durch die Wohnung, während Caroline und Birgit einige Minuten lang etwas besprachen. Friedrichs galoppierte schließlich an ihr vorbei und bekam so das Ende des Gesprächs mit.

»Ich danke dir vielmals, Birgit«, sagte Caroline erleichtert. »Du bist meine Rettung.

Ja, genau. Was?

Nein, das hat er mir noch nicht gesagt.« Sie warf Friedrichs einen finsteren Blick zu. Dann lauschte sie Birgits Stimme und errötete leicht. »Das werde ich tun. Ich danke dir. Bis bald.«

»Was hat sie zum Schluss gesagt?«, wollte Friedrichs neugierig wissen.

»Sage ich dir nicht.«

»Komm schon!«

»Nein!«

»Kannst du mir wenigstens sagen, was nun mit Robert ist?«

Caroline sah ihn an. »Birgit wäre entzückt, wenn sie uns aushelfen könnte. Sie ist sich sicher, dass auch Monika ihre Unterstützung anbieten wird. Sie will sie gleich anrufen.«

»Na siehst du. Ich sagte doch, wir finden eine Lösung«, meinte Friedrichs ein wenig selbstzufrieden.

»Nur, weil Birgit so nett ist.«

»Dafür hat man doch Freunde.«

»Hmpf.« Sie verschränkte die Arme vor der Brust. »Du fliegst also nach Deci?«, fragte sie, ganz so, wie ein Staatsanwalt jemanden fragte, von dem er überzeugt war, das Verbrechen begangen zu haben.

Friedrichs setzte Robert ab. »Davon wollte ich dir noch erzählen,« sagte er in defensiven Tonfall. »Hand auf's Herz. Aber die Sache mit Mutter Wegener hat mich völlig aus dem Konzept gebracht.«

»Ein Pfiff von der Luftwaffe und du düst sofort ab nach Italien«, meinte Caroline reichlich schnippisch.

»So ist das nun mal, wenn man Soldat ist.«

»Wirklich?«, fragte sie. Der Sarkasmus quoll aus jeder Silbe. »Und du bist ein guter Soldat, nicht wahr? Du befolgst alle deine Befehle.«

»Willst du jetzt wirklich davon anfangen, Caroline?«

»Und willst du wirklich mit mir und Robert zusammen sein?«

»Musst du da tatsächlich noch fragen?«, wollte Friedrichs wissen. Er deutete auf Robert. »Frag doch mal deinen Sohn, was er dazu meint.«

»Halt Robert da raus, du Kerl! Dieser Schuss könnte für dich nach hinten los gehen«, warnte sie.

Friedrichs hob kapitulierend die Hände.

Robert sah zwischen ihm und seiner Mutter hin und her. »Daniel geht?«

»Ich weiß es nicht, Kumpel. Caroline, geht Daniel?«

Sie sah zuerst auf Robert, dann zu Friedrichs. »Noch nicht.«

Caroline drehte ihnen den Rücken zu und verschwand in die Küche.

Friedrichs ging mit Robert ins Wohnzimmer und entdeckte ein Malbuch samt Buntstiften.

»Kannst du das Bild für mich ausmalen, Kumpel?«

»Jaaa!«, rief Robert begeistert und machte sich daran, einen Elefanten gelb anzumalen.

Friedrichs lächelte und bewegte sich in die Küche zurück.

Caroline schnitt einige Brötchen auf und beschmierte sie mit Butter. Anschließend belegte sie sie mit Aufschnitt. Friedrichs fand, dass sie selbst bei einer solchen Tätigkeit hinreißend wirkte.

»He, ich bin doch nur zehn Tage weg«, meinte er und versuchte dann, einen Scherz daraus zu machen. »Du wirst dir noch wünschen, mehr als nur zehn Tage lang Ruhe vor mir zu haben.«

»Sag so etwas nicht, Daniel«, meinte Caroline traurig. »Das ist nicht witzig.«

»Entschuldige.«

Er zog sie an sich. »Was hat Birgit zu dir gesagt?«

»Ich weiß nicht, was du meinst«, wich sie aus.

»Am Ende des Gesprächs. Als du errötet bist«, präzisierte er.

»Nichts.«

»Sag es mir!«

»Nein!«

Er kitzelte sie unterm Arm.

»Lass das!«, rief sie und kicherte dann. »Hör auf! Daniel!«

»Sag es!«

»Schon gut! Schon gut!«, japste sie. »Sie hat gesagt, ich soll alles tun, um dich bis zu deinem Abflug bei guter Laune halten.«

Friedrichs lachte und hörte auf, sie zu kitzeln. »Klingt wie ein guter Rat.«

»Das wird dir noch leidtun«, verkündete Caroline düster und drehte sich zu ihm um.

»Ich zittere schon.«

»Das solltest du auch«, meinte sie, hob den Kopf und küsste ihn.

Flugplatz Nörvenich, neun Tage später

Die acht Starfighter starteten der Reihe nach von ihrem Fliegerhorst in Nörvenich und sammelten sich in einer Höhe von 12.500 Fuß. Um für den langen Flug nach Sardinien genug Treibstoffreserven zu haben, waren vier »Kannen« an den Flügelspitzen und unter den Tragflächen befestigt worden. Unter den Bäuchen befand sich ein sogenannter Reisebehälter, der das persönliche Gepäck des Piloten enthielt. Es war viel praktischer, Dinge wie zum Beispiel Ersatzkleidung direkt mitzuführen, statt es mit den Versorgungsfliegern zu transportieren.

Natürlich war es der Gruppe deutscher Starfighter nicht gestattet, den kürzesten Weg nach Sardinien zu nehmen. Ein Flug über die Schweiz oder Österreich war aus politischen Gründen untersagt. Deswegen waren die Bundeswehrpiloten gezwungen, über Frankreich nach Italien zu fliegen. Diese Strecke führte sie durch verschiedene Wetterzonen, denn im Sommer waren in der Alpenregion oft Gewitter anzutreffen, die sich bis zu einer Höhe von 13.000 Metern ausdehnten. Stieg man noch höher hinauf, konnte man solche kritischen Wetterphänomene schon aus mehreren Kilometern Entfernung erkennen und sie weiträumig umfliegen.

Die französischen Fluglotsen hätten die deutsche Formation sowieso gerne angewiesen, auf über 11.000 Meter zu steigen, damit sie den Verkehr der Linienmaschinen nicht behinderten. Allerdings schaffte es eine F-104G mit vier vollen Außentanks und einem Reisebehälter nur auf maximal 9.000 Meter Flughöhe. Der zusätzliche Widerstand der Tanks und das Gesamtgewicht von fast 13 Tonnen ließen mehr nicht zu. Mit zunehmendem Treibstoffverbrauch aber waren wieder größere Höhen möglich. Das französische Bodenpersonal wunderte sich immer wieder aufs Neue, dass die Deutschen mit ihren Starfightern zwar sehr schnell, aber nicht sehr hoch fliegen konnten.

Die starke Bewölkung und die Turbulenzen über Frankreich machten es für die Piloten nicht einfach, ihre Position zu halten. Hauptmann Henke ordnete schließlich eine etwas weiter aufgefächerte Formation an, um größere Sicherheitsabstände zwischen den Maschinen zu gewährleisten. Eine Kollision in der Luft wollte er unter keinen Umständen riskieren. Der Starfighter hatte bereits zu vielen deutschen Soldaten das Leben gekostet.

Nachdem die Formation aus Nörvenich das schlechte Wetter hinter sich gelassen hatte, rückten die Düsenjäger wieder dichter zusammen.

Sie erreichten die Schneefelder von Hochsavoyen, als Oberleutnant Friedrichs zwei kleine Punkte am Himmel ausmachte.

»Wir bekommen Besuch. Auf drei Uhr.«

Matti Schulze, der mit Friedrichs das Schlusslicht der Formation bildete, sah sie ebenfalls. »Das sind Mirage III.«

Die beiden französischen Abfangjäger näherten sich der deutschen Formation, flogen einen Halbkreis um sie herum und tasteten sich weiter heran. Sie setzten sich rechts neben die erste Rotte, bestehend aus Hauptmann Henke und Leutnant Bergmann. Der Anführer der Franzosen winkte und deutete auf die Deutschen, dann auf sich selbst.

»Was will er?«, fragte Bergmann.

»Er würde gerne mit uns Fangen spielen«, erkannte Henke sofort. »Aber das kann er vergessen!«

Der Hauptmann schüttelte übertrieben deutlich mit dem Kopf, damit der Kollege aus Frankreich das auch ja mitbekam. Obwohl das Gesicht des Franzosen hinter dem dunklen Visier nicht zu erfassen war, meinte Henke, die Enttäuschung erkennen zu können.

»Schade, dass wir nicht spielen dürfen«, meinte Bergmann und erinnerte damit kurzzeitig an einen kleinen Jungen.

»Ja, ist es«, stimmte Henke zu. »Aber mit vier vollen Kannen wäre das kein besonders fairer Wettkampf. Wenn wir auf dem Rückflug sind, kann er es ja gerne noch Mal versuchen.«

Der Kopf des Franzosen bewegte sich vor und zurück, dann hob er grüßend die Hand und die beiden Mirage III kippten steil nach rechts unten weg.

»Da gehen sie hin«, sagte Schulze. »Aber ich muss zugeben, dass die Mirage auch ein sehr hübsch anzusehender Vogel ist.«

»Da hast du recht.« Friedrichs sah ihnen hinterher.

Die deutschen Piloten in ihren Starfightern passierten Cap d´Antibes und flogen nun über dem dunkelblauen Mittelmeer. Obwohl es noch früher Vormittag war, blendete die Sonne sehr stark. Ohne die getönten Visiere wäre es in dieser Höhe schon bald unerträglich geworden.

Unter ihnen zogen einige Dampfer vorbei.

Linker Hand kam die Insel Korsika in Sicht, ein imposanter Felsbrocken im Meer. Tiefe Buchten und helle Strände mit Hotels, dazu Häfen voller Segelboote. Aber ihnen blieb keine Zeit, um davon zu träumen, dort unten im Sand zu liegen.

Vor ihnen schien Sardinien aus der See aufzusteigen.

»Ziel in Sicht«, gab Henke durch und wechselte den Funkkanal und die Sprache. »German Air Force Sunshine Eins an Radarkontrolle Deci. Wir sind ein Flug aus acht Foxtrott ein-null-vier und befinden uns im Anflug.«

Der diensthabende Lotse im Kontrollturm des NATO-Flugplatzes war ein Brite. Dessen Oxford-Englisch war unverkennbar. »Sunshine Eins, hier Kontrolle Deci. Wir haben Sie auf dem Schirm. Landebahn eins-sieben ist für sie freigegeben.«

Der Brite fügte noch die örtlichen Wetterbedingungen an.

»Kontrolle Deci, Sunshine Eins hat verstanden. Vielen Dank.« Henke wechselte zurück auf die Staffelfrequenz. »Wir haben Landeerlaubnis auf Bahn eins-sieben.«

Die anderen Piloten der Formation bestätigten.

Sie ließen die Küste hinter sich und flogen über Hügel mit Olivenbäumen hinweg. Vor ihnen wurden die Konturen des Flugplatzes im dunstigen Blau der Insel sichtbar.

Decimomannu lag etwa 20 Kilometer nordwestlich der sardinischen Hauptstadt Cagliari. Zum riesigen Gelände gehörte auch der 70 Kilometer entfernte Luft-Boden-Schießplatz Capo Frasca, auf den Karten als Sperrgebiet R59 im Nordwesten eingetragen. Im Sperrgebiet D40 fanden die Luftkampfübungen und das Luft-Luft-Schießen mit scharfer Munition statt.

Der Reihe nach gingen die Piloten auf der Landebahn nieder.

Kurz vor dem Endanflug reduzierte Friedrichs die Fahrt auf 720 Stundenkilometer und gab Schulze das Signal, die Landeklappen auszufahren. Im Abstand von drei Sekunden setzten er und sein Flügelmann auf. Die Piste war sehr warm, Hitze flimmerte auf dem Beton. Als Friedrichs das Kabinendach öffnete, schlug ihm eine geradewegs drückende Schwüle entgegen. Er folgte den Einweisern und wurde neben die anderen Maschinen seiner Formation in Parkposition gewunken. Er war kaum zum Stillstand gekommen, da umschwärmten auch schon die Mechaniker sein Flugzeug. Die Leiter wurde ans Flugzeug gehängt und der Wart kam nach oben, um den Schleudersitz zu sichern.

Als der Oberleutnant festen Boden unter den Füßen spürte, beeilte er sich, von der Maschine weg zu kommen. Die Restwärme des Triebwerks trug ihren Teil zur bereits unerträglichen Hitze auf dem Vorfeld bei. Friedrichs spürte, wie ihm die Schweißtropfen auf der Nase standen.

Schulze kam zu ihm herüber. Auch sein Gesicht glänzte schweißnass. »Alter Schwede! Ist das eine Hitze hier!«

»Kannst du laut sagen.«

Friedrichs ließ sich von einem Mechaniker seine Gepäcktasche aus dem Staufach reichen. Danach sammelten sich die deutschen Piloten abseits ihrer Flugzeuge.

»Puh«, schnaufte Gemersheim. »Kein Wunder, dass die hier mittags am liebsten im Schatten liegen.«

»Tun wir gar nicht«, warf jemand auf Deutsch mit starkem Akzent ein. »Wir liegen unten am Strand und begutachten die Touristinnen.«

Die Deutschen drehten sich um und sahen einem breit grinsenden italienischen Piloten ins kreisrunde Gesicht.

»He, das ist doch Pacco!«, rief Staake erfreut aus. »Pacco, mein Freund!«

»Karlchen!« Pacco Lombardo umarmte Staake überschwänglich.

In der Anfangszeit des Starfighters mussten die NATO-Staaten ihre Flugzeugführer alle gleichzeitig auf das neue Muster umschulen. Dabei waren natürlich Engpässe in der Ausbildung entstanden. So war man dazu übergangen, die eigenen Piloten in andere Länder zu schicken, damit sie dort ihre Ausbildung ohne Unterbrechung fortsetzen konnten. Pacco Lombardo hatte fast ein Jahr lang in Deutschland verbracht und dabei viele Freundschaften mit anderen Starfighter-Piloten geschlossen. Dieser Erfahrungsaustausch mit anderen NATO-Fliegern war sehr wichtig gewesen, da man die verschiedenen Probleme mit dem neuen Muster auf diese Weise ideal diskutieren und analysieren konnte.

Auch die meisten anderen Piloten waren bereits mit Lombardo bekannt und diejenigen, die ihn noch nicht kannten, wurden von ihren Kameraden vorgestellt. Der fröhliche Italiener führte sie zu einem Pilotenbus, der sie zur Kaserne fuhr. Dort erwarteten sie spartanische Unterkünfte mit Mehrzimmerbetten.

Einige Tage vorher war bereits das technische Kommando an Bord mehrerer Nord 2501-Flugzeuge in Deci eingetroffen und hatte Gerät und Werkzeug für die Mechaniker bereitgestellt, die nun um die Maschinen herumwuselten. Die Zweimots pendelten regelmäßig zwischen Deutschland und Sardinien hin und her, um Nachschub zu liefern oder Personal auszutauschen.

Decimomannu, Sardinien, zwei Tage später

Es war ein brütend heißer Vormittag. Die Lotsen im Kontrollturm konnten von ihrem erhöhten Platz aus durch das Flirren der Hitzeschleier gerade noch die Umrisse der Küste erkennen. Über dem Flugplatz erstreckte sich der strahlend blaue Himmel.

Der Pilotenbus brachte die Besatzungen zum Vorfeld, wo die geparkten Maschinen schon für den Start vorbereitet wurden.

Wie vor jedem Flug begannen die Piloten und die Bodenmannschaften mit der Vorfluginspektion. Da sich scharfe Waffen an Bord befanden, wurden diese besonders gründlich kontrolliert. Neben der Einstiegsleiter war am Rumpf der Maschinen die Art und die Anzahl der Waffen eingetragen. Auch im Bordbuch und auf den Klemmbrettern waren neben dem technischen Zustand des Flugzeugs die Details der Bewaffnung vermerkt. Sobald eine Maschine mit scharfer Munition bestückt war, durfte nur noch jener verantwortliche Wart an sie herantreten, der sie letztlich an den Piloten übergeben würde.

Daniel Friedrichs kontrollierte die Eintragungen auf dem Klemmbrett.

20-Millimeter-Munition: 725 Schuss im Magazin der Bordkanone.

Raketen im Kaliber 70-Millimeter: 14 Stück in zwei Behältern unter den Flächen.

Übungsbomben: vier Stück im Behälter unter dem Rumpf.

Er unterzeichnete und reichte Oberfeldwebel Seidel das Klemmbrett zurück. Dann stieg er in die Kanzel hinauf, wobei er mehr als sonst darauf achtete, keinen Schalter der Waffenkontrolle zu berühren.

Nachdem ihm der Oberfeldwebel beim Anlegen der Gurte geholfen hatte, begann er mit der Innenkontrolle. Seidel entsicherte den Schleudersitz und nahm schließlich die Leiter vom Flugzeug.

Friedrichs zeigte ihm den rotierenden Zeigefinger und der Mechaniker neben Seidel schaltete den externen Generator ein. Das Triebwerk startete und fing an zu jaulen.

Der Oberleutnant nahm die letzten Kontrollen vor und hakte sie auf seiner Checkliste ab. Dann zeigte er Seidel an, dass die Bremsklötze weggezogen werden konnten. Der Oberfeldwebel gab einem seiner Männer das Zeichen und der entfernte die Klötze. Ein anderer Wart reichte Seidel die Sicherungsbolzen des Fahrwerks.

Der Oberfeldwebel hielt sie sichtbar in die Höhe. Friedrichs nickte, um zu bestätigen, dass er die Bolzen gesehen hatte.

»Sunshine Drei, klar zum Rollen«, meldete er dann.

Auch die anderen drei Piloten, Otto Gemersheim, Dieter Suhr und Siegfried Kissel, bestätigen ihre Rollbereitschaft. Der Kontrollturm antwortete umgehend. Der Reihe nach rollten die vier Starfighter über die Wege zur Startbahn.

Dort stoppen sie für den Last-Chance-Check. Die Waffenwarte zogen erst jetzt die letzten Sicherungsstifte der Waffen und hielten die langen Metallbolzen mit den roten Fähnchen daran hoch, damit die Piloten auch diese sehen konnten.

Oberleutnant Suhr, heute die Nummer eins, rief den Kontrollturm an: »Deci Tower, German Air Force Sunshine Eins. Klar zum Start.«

»Sunshine Eins, hier Deci Tower. Start frei«, kam sofort die Antwort.

»Sunshine Eins. Verstanden. Sunshine startet.«

Der Start erfolgte in Zweier-Formation. Suhr und Gemersheim bildeten die erste Rotte, Friedrichs und Kissel die zweite. Sie stiegen rasch bis auf 4.000 Meter auf und drehten auf ihren neuen Kurs, der sie zum 70 Kilometer entfernten Schießplatz Capo Frasca führen sollte.

Es machte für Friedrichs einen gewaltigen Unterschied, mit scharfer Munition an Bord zu fliegen. Ganz nüchtern betrachtet war das Kampfflugzeug nur ein weiteres Waffensystem im Arsenal der Bundeswehr, so wie ein Panzer oder ein Schiff. Über die verfügte der potentielle Gegner, der Warschauer Pakt, ebenfalls und das in weit größerer Stückzahl als die NATO. Im Ernstfall war es Friedrichs Aufgabe, eben solche Ziele zu bekämpfen. Das und nichts anderes war sein Job.

Dafür übte er hier auf Sardinien.

Suhr rief den Controller von Capo Frasca und meldete den Flug an. Ohne Funkkontakt durfte keine Maschine in den Bereich des Schießplatzes einfliegen, das wäre zu gefährlich gewesen.

Der Range-Controller antwortete sofort und erteilte die Freigabe.

»Sunshine, es geht los«, verkündete Suhr. »Achtet auf eure Abstände und die Höhe.«

Er kippte nach links ab. Im Abstand von dreißig Sekunden folgten ihm die drei anderen Piloten.

Als Friedrichs an der Reihe war, legte er den Schalter für die Bordwaffen und die Kamera um.

»Sunshine Drei, in hot!«

Friedrichs sah durch das Visier seines Frontscheibensichtgeräts eine Gruppe aus alten Lastwagen immer größer werden.

Jetzt!

Er drückte den Auslöser und mit einem Fauchen leerten sich die beiden Raketenbehälter unter den Flächen. Sofort zog er hoch und konnte daher nicht verfolgen, wie sich der Hagel von 70-Millimeter-Raketen auf die Lastwagen einprasselte.

»Sunshine Drei, gute Trefferlage«, meldete der Controller am Boden.

Friedrichs trug seine Bewertung auf dem Kniebrett ein.

Nachdem alle vier Flieger ihre ungelenkten Raketen verschossen hatten, war der Bombenabwurf an der Reihe. Die Übungsbomben erzeugten beim Einschlag eine kleine Rauchwolke. Je nachdem, wie nah am oder wie weit ab vom Ziel jene Rauchwolke hochpuffte, verkündete der Controller das Ergebnis.

Entweder hatte Friedrichs einen guten Tag oder genau den richtigen Moment abgepasst, als der Wind vom Meer her etwas nachließ. Jedenfalls erhielten seine beiden Abwürfe die beste Bewertung der Gruppe.

»Du Glücklicher«, grollte Kissel. Dessen Bomben waren, abgetrieben vom Wind, wild heruntergepurzelt und weitab vom Ziel eingeschlagen.

Dann folgte das Kanonenschießen.

Suhr und Gemersheim holten sich gute Bewertungen ab, da wollte Friedrichs natürlich nicht nachstehen.

Er flog die ihm zugewiesene Leinenwand an und drückte den Abzug durch.

KRAAAAAAA!

Er sah die Garbe im Ziel einschlagen und zog die Nase der Maschine nach oben. Das hatte doch ganz gut ausgesehen.

»Sunshine Drei, out cold!«

Er stieg in die Platzrunde, als ein Warnlicht vor ihm aufflackerte.

»Mist!«

Das war die Warnlampe für den Öldruck.

»Sunshine Drei. Meine Öldrucklampe ist gerade angegangen.«

»Hier Sunshine Eins. Wie sieht es aus, Drei?«

»Der Öldruck fällt.«

»In Ordnung, Drei. Sunshine, wir brechen ab und fliegen zurück zur Basis«, befahl Suhr ohne Umschweife.

»Sunshine Zwo. Verstanden.«

»Sunshine Vier. Roger.«

»Drei, ich komme an deinen Flügel«, kündigte Suhr an.

»Roger, Eins.«

Die Maschine von Suhr tauchte mit brausendem Triebwerk rechts neben Friedrichs auf. »In ein paar Minuten sind wir am Platz«, sprach ihm der Oberleutnant Mut zu.

»So lange wird es wohl noch reichen.«

Friedrichs landete als erster und rollte zum Abstellplatz. Nachdem die Maschine gesichert war, wurde sie von Mechanikern umschwärmt.

»Da ist ein Leck«, trompetete Oberfeldwebel Seidel erregt.

Öl tropfte unten aus der Maschine und bildete auf dem heißen Beton eine kleine Lache.

Obwohl der Starfighter noch große Hitze ausstrahle, schob die Bodenmannschaft eine Arbeitsplattform heran. Seidel kletterte persönlich nach oben und zog den Ölstab heraus.

»Da ist gar nichts mehr«, verkündete der Oberfeldwebel mit großen Augen. »Absolut leer.«

Er kraxelte wieder von der Plattform herunter und wischte sich die verschwitzte Stirn.

»Ganz schön warm da oben. Sie sind gerade noch mal rechtzeitig gelandet, Herr Oberleutnant«, erklärte er Friedrichs, der neben der Maschine stand. »Ein paar Minuten später hätte das Triebwerk keinen Schmierstoff mehr gehabt.«

»Glück muss man haben«, kommentierte Suhr, der mit Gemersheim und Kissel herangetreten war.

»Ja.«

Kissel knuffte Friedrichs gegen den Arm. »Ach, gib´s doch zu! Das hast du mit Absicht gemacht, damit ich deine Punktzahl beim Schießen nicht mehr überbieten kann.«

Die Männer lachten kurz auf.

»Ja«, sagte Friedrichs. »Das wird es gewesen sein.«

Die Mechaniker fanden die Ursache für das Leck. Eine Ölleitung war porös geworden und schließlich gerissen. Da niemand wissen konnte, welchen Schaden das Triebwerk genommen hatte, wurde angeordnet, es auszutauschen.

»Damit bleibt der Vogel für zwei Tage am Boden«, meinte einer der italienischen Unteroffiziere zu seinen deutschen Kameraden.

Seidel sah verwundert auf. »Zwei Tage?«

»Na, so lange dauert es eben, ein Triebwerk zu wechseln.«

Der deutsche Oberfeldwebel hob eine Augenbraue. »Wenn wir uns beeilen, ist die Kiste heute Nachmittag wieder startklar«

»Unmöglich!«, rief der Italiener empört aus.

»Um was wollen wir wetten?«

»Hm, vielleicht um eine Flasche Mirto?« Das war ein Likör, der auf Sardinien und Korsika hergestellt wurde.

»Abgemacht!«

Die beiden Unteroffiziere besiegelten ihre Wette mit einem Händedruck. In Seidels Augen blitzte der Ehrgeiz, es dem Italiener zu zeigen. Dann drehte er sich zu seiner Mannschaft um, gab bekannt: »In Ordnung! Spuckt in die Hände, Leute! Wir haben zu tun!«

Die Wette sprach sich natürlich herum und so beobachteten bald zahlreiche NATO-Soldaten neugierig, wie die deutsche Bodenmannschaft den Starfighter in die Werkshalle schob.

In Windeseile löste sie das Heck der F-104 ab und vollzog einen Triebwerkswechsel. Nachdem sie den Vogel wieder zusammengesetzt hatte, schob sie die Maschine zurück nach draußen. Seidel kletterte persönlich in die Kanzel, um den obligatorischen Triebwerkstest durchzuführen. Nach dem Test hob der schweißgebadete Oberfeldwebel die Hand und präsentierte seiner Mannschaft den hochgereckten Daumen. Alles wieder in Ordnung. Fertig.

Es war früher Nachmittag.

Den zusehenden Italienern war vor Staunen der Mund offenstehen geblieben.

Oberfeldwebel Seidel schlenderte, ölverschmiert und glänzend, aber mit zufriedenem Grinsen im Gesicht, zu seinem italienischen Kameraden rüber. »Da ist wohl eine Flasche Mirto fällig.«

»Si.« Der Italiener erwiderte das Grinsen. »Wettschulden sind Ehrenschulden. Aber was sollen wir denn mit nur einer Flasche anfangen? Die reicht doch gar nicht für uns alle. Los, kommt mit!«

Die Männer der Bodenmannschaften klopften sich gegenseitig auf die Schultern und zogen dann gutgelaunt los.

Decimomannu, am nächsten Morgen

Heute stand ein Luft-Luft-Schießen im Sperrgebiet D40 mit scharfer Munition auf dem Plan. Die Starfighter-Piloten übten das Kanonenschießen auf ein geschlepptes Ziel, den sogenannten Dart. Der Dart wurde von einer Lockheed T-33A gezogen, deren Crew aus zwei Mann bestand. Während der Pilot im vorgesehen Sperrgebiet gemächlich seine Runden flog, war der zweite Mann in der Kanzel für das Beobachten des Ziels und der anderen Flugzeuge zuständig. Die Starfighter sollten seitlich an den Dart hinter dem Schleppflugzeug heranfliegen und das Ziel mit ihren Bordwaffen beschießen.

In einem echten Luftkampf hätte der angegriffene Pilot natürlich versucht, dem Gegner auszuweichen und sich selbst in Angriffsposition zu bringen. So gesehen sollte man meinen, dass das Schleppziel für den Schützen keine besondere Herausforderung darstellte – weit gefehlt. Was selbst auf einem Schießstand für einen Sportschützen mit seiner Handfeuerwaffe schon schwierig genug war, nämlich das Ziel zu treffen, gestaltete sich in einem Flugzeug mit ständig wechselnden Höhen und Geschwindigkeiten als noch viel herausfordernder. Jede noch so kleine Bewegung des Steuerknüppels mochte dazu führen, dass man am Ziel vorbeischoss. Verpasste man den richtigen Zeitpunkt für seinen Angriff, konnte es passieren, dass man weit am Ziel vorbeiflitzte oder – noch viel schlimmer – mit dem Ziel oder dem Schleppflugzeug kollidierte. Also war höchste Konzentration angebracht.

»Sunshine Eins für Bullet Eins«, rief Hauptmann Henke das Schleppflugzeug. »Flug Sunshine mit vier Maschinen ist bereit.«

»Sunshine Eins, hier Bullet Eins«, antwortete der Pilot der T-33A. »Sie sind freigegeben für Einzelanflug. Abstand 30 Sekunden.«

»Sunshine Eins. Verstanden. Einzelanflug und Abstand 30 Sekunden. Gruppe Sunshine, bitte bestätigen.«

»Sunshine Zwo«, meldete sich Friedrichs. »Bestätige.«

»Sunshine Drei. Bestätige«, sagte Leutnant Bergmann.

»Sunshine Vier. Roger.« Das war Matti Schulze, der an diesem Tag als letzter Mann in der Formation flog.

»Sunshine Eins. In hot!«

Henke flog den Dart aus der Überhöhung heraus an und feuerte seine Kanone ab. Seine Gatling-Maschinenkanone ratterte.

»Sunshine Eins. Out cold!«

Friedrichs drückte auf die Sprechtaste. »Sunshine Zwo. In hot!«

Er zog die Maschine herum und aktivierte die Bordkanone. Das kreisrunde Visier wanderte über den Dart und er trat ins Seitenruder, um den nötigen Vorhalt zu bekommen.

Jetzt!

Er drückte den Auslöser und die Vulcan schnarrte mächtig los: KRAAAAA!

Friedrichs stellte die Flächen gerade und zog den Starfighter scharf nach oben. Seine Anti-G-Hose blähte sich auf, um zu verhindern, dass das Blut aus dem Kopf in die unteren Körperregionen gepresst wurde. Mit der linken Hand sicherte er gleichzeitig seine Bewaffnung.

»Sunshine Zwo. Out cold!«

Friedrichs reduzierte den Anstellwinkel und der auf ihm lastende Druck verringerte sich sogleich. Er suchte Henkes Maschine, fand sie auf elf Uhr und setzte sich neben den Hauptmann.

»Sunshine Drei. In hot!«

Der Leutnant flog an, feuerte und stieg wieder nach oben.

»Sunshine Drei. Out cold!«

»Bullet Eins. Abbruch! Abbruch! Abbruch! Wir haben unser Ziel verloren!«, platzte ein Funkspruch von der T-33A dazwischen.

»Schei … benkleister«, stöhnte Bergmann.

Eines seiner Geschosse hatte das Schleppseil durchtrennt. Der Dart trudelte ins Meer.

»Sunshine Vier für Drei. Da hast du wohl gestern Abend reichlich Zielwasser getrunken, was?«, neckte Schulze.

»Bullet Eins, hier Sunshine Eins. Verstanden«, bestätigte Henke den Abbruch des Schießens.

»Sunshine Drei für Bullet Eins. Tut mir leid.« Bergmann klang niedergeschlagen.

»Kein Problem, Sunshine Drei. Dann können wir heute eben etwas früher Feierabend machen«, gab der Pilot des Schleppflugzeug gutmütig zurück. Er drehte daraufhin ab; seine Maschine zog nur noch ein leeres Schleppkabel hinter sich her.

»So kann man das auch sehen«, meinte Schulze trocken.

Henke schüttelte in seiner Kanzel den Kopf. »In Ordnung, wir fliegen ebenfalls zurück.«

Sie drehten wieder auf die Küste zu und näherten sich Deci.

Friedrichs fiel bald auf, dass sich Schulze immer weiter von seinem Flügel entfernte. »Sunshine Drei an Vier. Hast du ein Problem?«

»Moment.« Die Stimme des Kameraden klang angespannt. »Ich habe keinen Schub mehr im Triebwerk.«

»Hier Drei, ich gehe hinter dich, um mir das Triebwerk anzusehen.« Friedrichs nahm Gas weg und steuerte seine Gustav hinter und unter die Maschine seines Flügelmanns.

»Drei an Vier. Sieht so aus, als wäre deine Schubdüse ganz offen«, meldete er Schulze.

»Das habe ich schon befürchtet. Jetzt ist auch das Licht für die Ölwarnung des Triebwerks angegangen.«

Die Schubdüse am Ende des Triebwerks war verstellbar, ihr Querschnitt passte sich dem Bedarf automatisch an. Verlor die Maschine zu viel Öl, öffnete sich die Düse ganz und das Triebwerk lieferte nur noch heiße Luft, aber keinen Schub mehr. Friedrichs hatte am Tag zuvor Glück gehabt; er hatte landen können, bevor ihm das Öl ausgegangen war.

»Eins an Vier. Der Platz ist noch zehn Minuten entfernt. Schaffst du das?«, wollte ein besorgter Hauptmann Henke wissen.

»Ich versuche es.«

Die kleinen Tragflächen des Starfighters wirkten sich nun negativ aus, denn sie erzeugten nicht genug Auftrieb, um die Maschine im Gleitflug größere Strecken zurücklegen zu lassen.

Schulze fuhr die Klappen aus, tauschte Höhe gegen Geschwindigkeit und schaffte es so, seine Maschine bis zur Küste zu bringen. Doch von dort aus befand sich der Flugplatz immer noch fünf Minuten entfernt.

»Vier, du bist bei 3.000 Fuß«, warnte ihn Henke.

Friedrichs blickte durchs Kanzelglas nach unten – keine Dörfer, keine Gebäude, nur leeres Gelände. Perfekt.

»Das wird nichts mehr, Matti! Mach, dass du rauskommst! Abspringen!«

»Ich kann es noch schaffen!«, protestierte Schulze.

»Vergiss es! Abspringen! Das ist ein Befehl! Abspringen!«, schaltete sich Henke wieder ein.

»Scheiße«, sagte Schulze angewidert. »Sunshine Vier, ich steige aus!«

Die drei anderen Piloten konnten sehen, wie Schulze auf seinem Schleudersitz aus der Maschine katapultiert wurde. Der

Trennmechanismus arbeitete perfekt. Der Fallschirm blähte sich auf und Schulze begann seinen langsamen Abstieg. Doch dann geschah das, was nie und nimmer hätte geschehen dürfen. Der C2-Schleudersitz, ein 100 Kilogramm schwerer Brocken, taumelte durch die Luft und streifte dabei die Fallschirmkappe über dem Piloten. Glück im Unglück – der Fallschirm wurde nicht aufgeschlitzt, was den sicheren Tod für Schulze bedeutet hätte. Doch der umherwirbelnde Sitz traf ihn schließlich am Helm und zerschmetterte sein Visier. Bei Schulze gingen die Lichter aus. Der bewusstlose Pilot bekam nicht mehr mit, wie sich der Fallschirm über ihm stabilisierte und so eine sichere Rückkehr zum Erdboden ermöglichte.

Der durch die Luft gleitende Starfighter hatte indessen jeden Auftrieb verloren und strebte der Erde entgegen. Eine Stichflamme loderte beim Aufprall hoch.

»Am Boden gab es keine Schäden, glaube ich«, meldete Henke. »Was ist mit Matti?«

»Der … der verdammte Sitz hat ihn getroffen«, berichtete Friedrichs schockiert.

»Was?« Henke zog eine Kehre und entdeckte die weiße Fallschirmkappe. Der Körper darunter hing schlaff in den Gurten.

»So eine Scheiße!«

Der Rettungshubschrauber erreichte die Unglücksstelle in Rekordzeit. Matti Schulze wurde ins Lazarett geflogen. Dort befreiten ihn die Ärzte vom ganzen Blut und stellten erleichtert fest, dass der Patient nur eine gebrochene Nase davongetragen hatte.

Oberfeldwebel Seidel hingegen war ganz und gar nicht zufrieden. »Wir nehmen jetzt alle Vögel auseinander und kontrollieren die Ölleitungen!«, hörte man ihn auf dem Flugplatz herumbrüllen. »Los doch! Bewegung!«

Wenige Stunden später

»Da hat Matti noch mal Schwein gehabt«, meinte Pacco Lombardo kopfschüttelnd.

»Ja.« Hauptmann Henke nuckelte an seiner Bierflasche.

Matti Schulze sollte gleich am nächsten Morgen mit dem Pendlerflug zurück nach Deutschland gebracht werden.

Staake lehnte sich auf seinem Stuhl zurück. »Aber es ist doch komisch, dass an zwei Maschinen innerhalb von 24 Stunden der gleiche Fehler auftritt.«

»Er nun wieder«, stöhnte Gemersheim. »Mit der Maschine ist alles in Ordnung. Der Starfighter ist das heißeste Kampfflugzeug der Welt. Ich bin froh, den Vogel fliegen zu dürfen. Oder sollen wir etwa wieder zur Thunderstreak zurückwechseln?«

»Bloß nicht!«, rief Kissel dazwischen. »Wie viele von unseren F-84F haben wir verloren? 150?«

»Ich glaube, es waren sogar 170«, korrigierte Suhr. »Und dann noch mal an die 30 RF-84F-Aufklärer.«

»Meinetwegen!« Kissel machte eine wegwerfende Handbewegung. »Die alten Kisten waren das Letzte! Man musste nur mal zu schnell hochziehen und … zack … hattest du einen Strömungsabriss. Und wenn man den Leistungshebel nach vorne schob, änderte sich zwar das Triebwerksgeräusch, aber am Schub tat sich wenig bis gar nichts. Ne, ne, mein Lieber, da ziehe ich doch die Gustav vor.«

»Ich sage ja nicht, dass die Gustav schlecht ist«, wehrte Staake ab. »Aber die Maschine wurde ursprünglich als leichter Schönwetter-Abfangjäger entworfen. Wir benutzen sie jedoch als Jagdbomber. Allein die zusätzliche Ausrüstung dafür hat das Gewicht fast um ein Drittel erhöht!«

»Das wird doch durch das stärkere Triebwerk ausgeglichen«, warf Bergmann ein.

»Es gibt aber auch Grenzen dessen, was man an einem Flugzeug modifizieren kann.« Staake trank einen Schluck Bier. »Sicher, ich liebe es, den Starfighter zu fliegen. Es gibt nichts Schöneres.«

»Lass das mal Birgit hören«, neckte Friedrichs.

Alle am Tisch lachten.

»Besser nicht.« Staake grinste kurz, dann drehte er seine Bierflasche zwischen den Fingern. »Es ist nur so, manchmal habe ich kein gutes Gefühl, wenn ich im Cockpit sitze.«

»Solche Momente kennt doch jeder.« Henke sah dem Oberleutnant in die Augen. »Uns allen kommen zwischendurch Zweifel. Das ist nur menschlich. Aber heh, wir sind die Elite. Wir kommen damit klar.«

»Sicher.«

Henke und Staake hoben ihre Bierflasche und stießen miteinander an.

»Auf die Elite!«

Die anderen prosteten ihnen zu.

»Entschuldigen Sie die Störung, Her Hauptmann. Meine Herren.«

Oberfeldwebel Seidel stakste an den Tisch heran.

»Oberfeld! Nehmen Sie Platz und greifen Sie sich ein Bier«, forderte ihn Henke auf.

»Da sage ich nicht nein, Herr Hauptmann.« Seidel setzte sich, bekam eine Bierflasche gereicht, öffnete sie und nahm einen tiefen Zug. »Mhm, das tut gut.«

»Was können wir für Sie tun, Seidel?«, wollte Henke dann wissen.

»Sehen Sie, Herr Hauptmann, nach dem Absturz von Schulze haben wir alle Maschinen noch einmal gründlich unter die Lupe genommen.«

»Niemand macht Ihnen einen Vorwurf, Seidel. Wir wissen, wie hart Sie und ihre Männer daran arbeiten, die Vögel in Topform zu halten,« beschwichtigte Henke.

»Das meine ich nicht, Herr Hauptmann.« Seidel zog ein Stück Rohrleitung aus seiner Hosentasche. Es war kaum 15 Zentimeter lang. »Das stammt von einer der Ölleitungen für das Triebwerk. Sehen Sie, wie das Stück hier geschweißt worden ist? Laut Handbuch sollte es aber gebogen sein.«

Der Hauptmann nahm das Leitungsfragment in Augenschein, konnte jedoch nichts Ungewöhnliches daran entdecken.

»Ich weiß nicht genau, was das bedeutet«, gab er zu und reichte das Rohrstück an die Kameraden weiter.

»Das ist minderwertige Arbeit«, grollte Seidel. »Die Schweißnaht ist schlampig ausgeführt worden und dichtet die Leitung nicht komplett ab.«

»Oh Mann!«

»Ganz genau. Ich habe unseren Bestand an Ersatzteilen überprüft. Entweder haben wir eine schlechte Charge erwischt oder der Hersteller hat wirklich Mist gebaut.« Seidel schüttelte empört den Kopf. »Wir haben nur solchen Ausschuss geliefert bekommen!«

»Soll das heißen, es kann jederzeit wieder zu einem Ölverlust kommen?«, fragte Henke besorgt nach.

»Möglich. Aber ich habe eine Abmachung mit meinem hiesigen Pendant getroffen ...«

»Der von der Wette?«, fragte Lombardo nach.

»Sie wissen auch davon, ja?« Seidel feixte kurz. »Jedenfalls haben die italienischen Kameraden die richtigen Ersatzteile. Mein Kumpel hat uns genügend Ersatz überlassen, damit wir an allen sieben Maschinen die Leitungen auswechseln können.«

»Das ist doch gut, oder?«

»Schon.« Seidel kratzte sich unbehaglich am Kinn. »Allerdings ergeben sich daraus zwei Fragen. Zum einen, wie es sein kann, dass wir minderwertige Ersatzteile geliefert bekommen haben; und zum anderen, ob das etwas mit dem Absturz von Oberleutnant Schulze zu tun hat.«

»Das wird die Untersuchungskommission aufklären müssen.« Henke blickte nachdenklich drein. »Aber ich werde einen Bericht über ihre Entdeckung schreiben.«

»Danke, Herr Hauptmann.«

Gemersheim betrachtete als letzter am Tisch das Rohrfragment. »Vielleicht liegt es ja an meinem zweiten Bier, aber ich verstehe immer noch nicht, warum man die Leitung schweißt und nicht biegt.«

»Schweißen geht schneller und ist billiger als Biegen«, erklärte Seidel. »Deswegen bevorzugen die Hersteller dieses Verfahren.«

»Aha, so ist das also.«

Der Oberfeldwebel leerte seine Bierflasche und erhob sich. »Danke für das Bier, Herr Hauptmann. Und dafür, dass Sie mir zugehört haben.«

»Immer wieder gerne, Seidel, das wissen Sie doch.«

»Meine Herren. Guten Abend.« Der Oberfeldwebel verschwand.

Die Piloten am Tisch sahen sich wortlos an. Es dauerte lange, bis die Gespräche wieder in Gang kamen.

Decimomannu, eine Woche später

Die Reifen des Hauptfahrwerks setzten auf der rauen, schwarzen Betonfläche der Landebahn auf. Sekunde später kam das Bugfahrwerk herunter. Friedrichs zog an dem gelben Hebel, der die Klappe des Bremsschirms öffnete. Der kleine Hilfsschirm kam als erstes frei und zerrte dann den großen Hauptschirm in den starken Luftstrom des Triebwerks. Der Schirm klappte wie vorgesehen auseinander und bremste den Starfighter rasch ab.

Der Oberleutnant wartete, bis die Maschine zum Stillstand gekommen war, trennte den Schirm dann vom Flugzeug ab und rollte weiter zum Stellplatz. Die Bodenmannschaft barg indessen den Schirm, der zur Wiederverwendung gedacht war.

Friedrichs parkte seinen Vogel neben den anderen sechs Düsenjägern seiner Gruppe und stellte das Triebwerk ab. Die Nachflugcheckliste war rasch abgehakt, so öffnete er die Kanzel. Warme Luft strömte ins Cockpit, die Leiter wurde an die rechte Rumpfseite gehängt.

»Alles in Ordnung, Herr Oberleutnant?«, fragte Seidel, während er den Sicherungsbolzen in die vorgesehene Bohrung im Schleudersitz steckte.

»Mit dem Flugzeug ja«, erwiderte Friedrichs. »Nur der Pilot ist ein wenig erschöpft.«

Der Oberfeldwebel lachte. »Dagegen soll ein Besuch in der Stadt helfen. Zumindest habe ich das gehört.«

Seidel half Friedrichs beim Aufstehen. Mit steifen Gliedern quälte sich der Oberleutnant die Leiter runter.

Die Luftkampfübungen waren ein unbeschreibliches Erlebnis, doch forderten die vielen Manöver unter enormer G-Belastung ihren Tribut. Friedrichs Kraftreserven waren aufgezerrt. Dafür heimste er dank der Übungen wertvolle Erfahrungen ein, denn von den anderen NATO-Piloten in Deci, speziell von den Briten, konnten die deutschen Flieger noch viel lernen. Bei der Royal Air Force wurden in den simulierten Luftkämpfen oftmals Tricks und taktische Manöver angewandt, die in keinem Handbuch zu finden waren. Zudem hatten einige der Briten auf Zypern und über anderen Krisengebieten »Fronterfahrung« sammeln können. Um mit diesen sehr erfahrenen Piloten üben zu können, nahmen es die Deutschen gerne hin, in den simulierten Luftgefechten auch mal Federn lassen zu müssen. Der Starfighter war eben kein Kurvenkämpfer.

Zwei Stunden später fuhr Friedrichs zusammen mit Gemersheim, Lombardo, Staake und Suhr tatsächlich in die Stadt. Lombardo stellte dazu seinen winzigen Alfa Romeo 2600 zur Verfügung, in dem sich die Piloten vorkamen wie die Ölsardinen in der Dose. Der Italiener spielte auch den Fremdenführer und betete dabei einige Fakten über die Insel herunter:

Sardinien war – nach Sizilien – die zweitgrößte Insel im Mittelmeer. Die Bewohner wurden als Sarden bezeichnet und nicht, wie oftmals fälschlich angenommen, als Sardinier. Die wechselhafte Geschichte der Insel begann bereits in der Antike. Die Römer, die Byzantiner, die Araber, sie alle und viele weitere Völker hatten in der Vergangenheit ihre Spuren hinterlassen. Obwohl die Insel 1946 zu einer autonomen Region erklärt worden war, gab immer noch Bestrebungen, eine vollständige Unabhängigkeit von Italien zu erreichen. Dieser Forderung wurde teilweise mit Gewalt Nachdruck verliehen. Vielen Einheimischen war die Anwesenheit der NATO-Basis ein Dorn im Auge.

»Aber davon wollen wir uns den Abend nicht verderben lassen«, beendete Lombardo seine Erzählung und konzentrierte sich wieder voll aufs Fahren. »Ich kenne da eine gute Trattoria. Wird euch gefallen.«

Das kleine Speiselokal mit den wenigen Tischen gefiel den anderen Piloten tatsächlich. Obwohl sich das Meer hinter einigen teils verwahrlost wirkenden Häusern versteckte, konnten sie das Rauschen der Wellen hören. Die Tische standen im Garten, bunte Glühbirnen sollten wohl eine fröhliche Atmosphäre erzeugen. Eine Musikbox dudelte einen Beatles-Song vor sich hin. Der Wirt und seine Frau waren sehr freundlich, und doch spürten die Soldaten sogleich die latente Feindseligkeit, die von einigen der anderen Gäste ausging. In Hemden und Jeans unterschieden sich die Piloten nicht sonderlich von den Einheimischen, aber sie sprachen eine andere Sprache und das machte sie entweder zu NATO-Soldaten oder zu Touristen, die für einige ebenfalls nicht willkommen waren. Viele Sarden litten unter bitterer Armut und auch, wenn die örtlichen Kommunisten ihnen vollmundig etwas anderes versprochen hatten, vermochten sie die Not nicht zu lindern. Auch verriet der kurze Militärhaarschnitt den Einheimischen, mit wem sie es zu tun hatten.

Das einige Amerikaner zwei Tische weiter Dollarscheine auf den Tisch legten, machte die Lage nicht besser.

»Wir sollten vielleicht doch schnell zum Ende kommen«, flüsterte Lombardo, der die Stimmung richtig einschätzte. Da braute sich etwas zusammen.

»Ein Jammer.« Suhr versuchte sich gerade am getrockneten Hirtenbrot, dem Pane Carasau, das mit Schafskäse belegt war.

Weitere Sarden näherten sich aus allen Himmelsrichtungen, versammelten sich in der Trattoria. Offenbar hatte jemand die Genossen zusammengetrommelt.

»Gleich raucht´s hier«, befürchtete Lombardo. »Diese dämlichen Amis mit ihren großen Geldscheinen! Wir sollten zahlen und dann sofort verschwinden.«

Doch dafür war es bereits zu spät.

Als Auslöser fungierte eine junge, mit üppigen Kurven gesegnete Frau. Sie flirtete heftig mit einem der Amerikaner, was ihrem festen Freund offenkundig gar nicht zusagte. Der Sarde zischte ihr wütend etwas zu und stieß dann den Amerikaner vor die Brust. Dieser schubste, wie zu erwarten war, sofort zurück. Die beiden Streithähne bombardierten einander mit Flüchen auf Englisch und Sardisch.

Der jungen Schönheit gefiel das augenscheinlich. Es kam nicht alle Tage vor, dass sich zwei Männer um sie stritten und so stellte sie sich demonstrativ neben den Amerikaner.

Ihr fester Freund verpasste ihr reflexhaft eine Ohrfeige, wofür er sich von dem Amerikaner postwendend einen Schwinger einfing.

»Jetzt geht's rund«, stöhnte Lombardo.

Ein weiterer Sarde warf sich auf den Amerikaner, gemeinsam strauchelten sie gegen einen Tisch. Flaschen, Gläser, Teller landeten klirrend im Kies.

Die beiden anderen Amerikaner sprangen so schnell auf, dass die Stühle umkippten. Unter lautem Gebrüll eilten sie ihrem Landsmann zu Hilfe.

Die Keilerei ging in die Vollen: Dorfbewohner gegen den Rest der Welt. Ein Stuhl landete krachend in der Musikbox und brachte die Beatles zum Verstummen. Der Besitzer der Trattoria schnappte sich daraufhin wütend einen Besen und begann, auf seine Landleute einzuprügeln. Amerikaner und Sarden wälzten sich auf dem Boden.

Lombardo führte seine Freunde über den zweiten Ausgang weg von der Schlägerei, doch dann verstellte ihnen ein breitschultriger Sarde den Weg. Er holte aus. Traf Lombardo gegen den Solarplexus, woraufhin der Italiener mit schmerzerfülltem Gesicht zu Boden ging.

Suhr hob einen Blumentopf vom Boden auf und warf ihn dem Sarden ins Gesicht. Der taumelte nach dem Treffer benommen umher und hielt sich den Kiefer.

»Schnappt euch Pacco und dann raus hier!«, rief Suhr geistesgegenwärtig.

Keine halbe Minute später saßen die Piloten in Lombardos Alfa Romeo 2600. Gemersheim klemmte sich hinters Steuer, startete den Motor und bretterte unter quietschenden Reifen über das Kopfsteinpflaster. Alles rappelte.

»Pacco, wo müssen wir lang?«

»Rechts, dann geradeaus, und dann wieder rechts«, krächzte Lombardo vom Rücksitz aus und rieb sich die Brust. »Mamma Mia! Der hat ganz schön hingelangt.«

Friedrichs sah vom Beifahrersitz aus nach hinten. »Hätten wir den Amis nicht helfen sollen?«

»Ich mag die Amis wirklich, aber das ist deren Problem«, stellte Suhr klar. »Die haben sich die Suppe eingebrockt, also sollen sie sie auch auslöffeln. Außerdem habe ich keine Lust, an unserem vorletzten Abend hier in den Knast zu wandern.«

»Auch wieder wahr.«

Gemersheim folgte Lombardos Anweisungen. Kurze Zeit darauf erreichten sie die Basis.

Nörvenich, drei Tage später

Daniel Friedrichs schloss die Tür auf und verkündete lautstark: »Ich bin wieder da!«

Keine Antwort, das Haus blieb still. Friedrichs steckte den Kopf in die Küche, doch dort war niemand. Das Wohnzimmer fand er ebenfalls leer vor.

»Hallo? Ist jemand zu Hause?«, rief er.

»Ich bin oben und bade Robert!« hörte er Caroline. »Einen Augenblick noch!«

Friedrichs stieg die Treppe hoch und öffnete die Tür zum Badezimmer.

»Daniel!«, krähte Robert überglücklich. »Mama, da ist Daniel!«

Der Kleine war eine richtige Wasserratte, wie Friedrichs sofort bemerkte. Caroline war bis zur Hüfte mit Wasser bespritzt.

»Mir scheint, du bist da etwas nass geworden«, merkte er überflüssigerweise an.

»Zum Teufel mit dir!«, entgegnete Caroline.

»Zum Teufel! Zum Teufel!«, trompetete Robert prompt.

»Oh, ver … äh, verflixt«, stotterte Caroline und errötete.

»Caroline«, intonierte Friedrichs. »Wie kannst du diesem unschuldigen Kind nur solche Kraftausdrücke beibringen?«

Er duckte sich gerade noch rechtzeitig, um dem nassen Schwamm zu entgehen, den Caroline nach ihm warf.

»Raus mit dir!«

»Sofort, Schatz.«

Friedrichs hob den Schwamm auf, warf ihn zum Vergnügen von Robert in die Wanne zurück. Er drehte sich um, verließ das Badezimmer und kehrte nach draußen zu seinem Volkswagen Käfer zurück. Mit etwas Mühe gelang es ihm, den großen Karton, der sich auf dem Beifahrersitz befand, aus dem Wagen zu hieven und ins Haus zu schleppen.

Zehn Minuten später trampelte der frisch gebadete Robert ins Wohnzimmer.

»Danieeell!«

Der Junge blieb unvermittelt stehen und starrte mit großen Augen auf das, was eben noch im Inneren des Kartons geschlummert hatte: ein rotes Tretauto mit Hupe.

»Überfahre damit keine alten Omas«, warnte ihn Friedrichs grienend. »Obwohl, wenn ich genauer darüber nachdenke …«

»Juhuuu!« Robert stürzte sich auf das Geschenk und Friedrichs hob ihn auf den Sitz. Der Junge drehte das Lenkrad und fand ganz alleine den Hubknopf. Das Quietschen der Hupe war laut und alarmierte Caroline, die sofort ins Wohnzimmer stürmte.

»Was war das?«

Sie wollte sich nach ihrem unfreiwilligen Bad augenscheinlich gerade umziehen, denn sie trug die nasse Bluse offen und bedeckte ihren BH mit der Hand.

»Ach du meine Güte!«, stieß sie hervor. »Daniel, bist du verrückt geworden?«

»Warum?«

Robert hupte erneut. Und gleich darauf nochmal.

»Kannst du diese Hupe lahmlegen?«, fragte Caroline angesäuert, ehe sie ins Schlafzimmer verschwand, um sich trockene Sachen anzuziehen.

»Sicher.« Friedrichs drehte die Abdeckung los, nahm die Quietsche heraus und setzte die Verkleidung wieder ein.

Robert drückte auf die Hupe, doch diese blieb stumm. »Kaputt! Daniel, kaputt!«

»Scheint so, mein Kleiner«, stimmte Friedrichs zu.

Roberts Beine waren noch zu kurz, um die Pedale ganz zu erreichen und so schob Friedrichs ihn im Wohnzimmer herum, bis Caroline in Pullover und Hose zurückkehrte. Sie sah mit vor der Brust verschränkten Armen zu, wie Friedrichs, Motorgebrumm nachahmend, Robert hin und her schob.

»Für wen hast du das Tretauto gekauft?«, erkundigte sie sich. »Für Robert oder für dich?«

»Für uns beide«, gab Friedrichs gut gelaunt zurück.

»Du bist verrückt! Er kommt ja noch nicht mal an die Pedale heran.«

»Er wächst doch noch.«

Caroline schüttelte den Kopf. »Du bist verrückt«, wiederholte sie. Dann trat sie an ihn heran und küsste ihn sanft auf die Lippen. »Aber es war süß von dir.«

Er legte einen Arm um sie und zog sie an seine Seite. »Wenn du schön brav bist, dann gebe ich dir dein Geschenk auch noch.«

»Was für ein Geschenk?«, wollte sie wissen, um gleich darauf zu sagen: »Du musst mir nichts schenken!«

»Ich weiß. Aber ich möchte es.« Er zog eine kleine Schachtel aus der Tasche, zeigte sie ihr und klappte sie auf.

Caroline starrte fassungslos auf den schimmernden Ring darin.

»Was ist das für ein Ring?«, fragte sie leise, während sie sich von ihm löste.

»Nun, ich denke, die richtige Bezeichnung dafür wäre wohl ›Verlobungsring‹, nicht?«, sagte Friedrichs. Er hatte schon vor dem Flug nach Sardinien darüber nachgedacht, aber erst der glücklicherweise glimpflich verlaufene Unfall von Matti Schulze hatte ihm den nötigen Schubs gegeben. So war er am Vortag zum Juwelier gegangen und hatte den Ring gekauft. »Da ich noch nie einer Frau einen Antrag gemacht habe, weiß ich das leider nicht so genau.«

Caroline drehte sich ruckartig von ihm weg.

»Was ist denn?«, wollte Friedrichs wissen, völlig baff von ihrer Reaktion.

»Ich hätte nicht gedacht … oh, Daniel«, sagte sie kläglich.

»He!« Er trat hinter sie und schlang die Arme um ihre Hüften. »Falls ich dich damit überfallen habe, tut es mir leid.«

Er küsste ihren Nacken. »Ich dachte nur ...«

»Ach, Daniel.« Sie drehte sich um. »Ich liebe dich. Ich liebe dich wirklich. Aber ich werde dich nicht heiraten.«

»Was?« Friedrichs fühlte sich, als hätte ihm jemand einen heftigen Schlag in den Magen verpasst. »Warum nicht?«

»Das fragst du noch? Ich bin diesen Weg bereits schon einmal gegangen«, sagte sie todernst. »Ich möchte das nicht noch einmal durchmachen.«

»Ist das dein letztes Wort?«

Caroline blickte ihm fest in die Augen und nickte. »Ich werde dich nicht heiraten. Es sei denn, du verlässt die Luftwaffe.«

Er schüttelte den Kopf. »Das kann ich nicht.«

»Dann ist das Thema abgehakt, oder?«

»Einfach so? Punkt und Ende?« Friedrichs stemmte ärgerlich die Hände in die Hüften. »Was ist mit der nicht ganz unbedeutenden Tatsache, dass ich dich liebe?«

»Ich liebe dich doch auch!«

»Was ist dann das Problem?«

»Ich habe bereits einen Mann an die Luftwaffe verloren. Ich will keinen zweiten verlieren. Ist das so schwer zu verstehen?«, wollte sie in anklagendem Tonfall wissen.

»Nein, ist es nicht«, gab Friedrichs zu. »Aber wenn deine Zeit abgelaufen ist, dann ist sie eben abgelaufen. Da spielt es keine Rolle, was du gerade machst.«

»Sag das mal Albert«, hielt Caroline bitter dagegen. »Oder Bernd Koenig. Oder Lutz Hoppe. Oder all den anderen, die abgestürzt sind. Und erzähl mir jetzt nicht, der Starfighter sei das beste Kampfflugzeug der Welt! Es sind zu viele vom Himmel gefallen, als das ich diesen Unsinn noch glauben würde!«

»Caroline, beruhige dich doch bitte ...«

»Ich soll mich beruhigen? Soll ich etwa ruhig darauf warten, dass der Pfarrer wieder bei mir vorgefahren kommt? Was soll ich deiner Meinung nach Robert sagen? In ein paar Monaten oder meinetwegen ein paar Jahren? Das du auch nicht mehr zurückkommen wirst? So wie sein Vater?«

Friedrichs schluckte den Klos in seinem Hals herunter. »Ich kann dir nur versprechen, alles zu tun, um immer wieder zu dir zurückkommen zu können.«

»Wenn du mich wirklich liebst, dann such dir eine andere Arbeit! Meinetwegen bei der Lufthansa, aber verlass die Luftwaffe.«

Friedrichs sog die Luft tief ein und stieß sie dann wieder aus. »Es mag der Tag kommen, wo ich zur Lufthansa gehe. Doch dazu bin ich noch nicht bereit. Jetzt noch nicht«, sagte er, ruhig, aber bestimmt. »Ich würde mich wie ein Busfahrer fühlen. Ich würde es hassen.«

»Das verdammte Fliegen wieder«, jammerte Caroline erbittert.

»Ja. Das verdammte Fliegen wieder!«

Sie schwiegen.

Robert, der die angespannte Situation nicht verstehen konnte, fing an zu weinen.

Caroline nahm ihn auf den Arm. »Das ist deine Schuld.«

»Tut mir leid.«

»Nein, es war gemein von mir, das zu sagen«, meinte sie. »Verzeih mir.«

»Schon gut.«

»Daniel … geh jetzt bitte. Ich möchte im Augenblick nicht mit dir zusammen sein.«

Friedrichs sah ihr einen Moment lang in die Augen, dann wandte er sich ab und ging. Leise zog er die Haustür hinter sich zu, stieg in den Käfer und fuhr davon.

Flugplatz Nörvenich, einige Tage später

Es war bewölkt und regnete.

Das passt gut zu meiner Stimmung, dachte Friedrichs düster. Er streifte die Anti-G-Hose über und zog die Reißverschlüsse an der Seite zu. Dann öffnete er die Tür seines Spinds und zuckte erschrocken zurück.

Gemersheim, Bergmann und Staake, die offenbar nur auf diese Reaktion gewartet hatten, brüllten vor Vergnügen los wie die Bonobos.

»Das ist sehr witzig!«

Einer seiner Kameraden hatte ihm ein Ausklappbild des Playboys in den Spind geheftet. Friedrichs nahm das Bild aus heraus und hängte es bei Bergmann an die Tür. »Hier, damit du sagen kannst, du hast schon mal eine nackte Frau gesehen.«

Dieser Spruch ging auf Kosten des Leutnants, der nur grinsend den Kopf schüttelte.

»Danke, Leute«, sagte Friedrichs genervt. »Sehr erwachsen.«

»Du bist doch nur sauer, weil du nicht daran gedacht hast«, behauptete Staake. »Erinnerst du dich noch an Achim Böhm? Wir haben ihm die Tür mit Klebstoff festgepappt und er zog schließlich so fest, dass er den ganzen Spind umgerissen hat.«

»Das waren noch andere Zeiten«, wehrte Friedrichs ab, aber er lächelte nun immerhin.

Danach fuhren sie damit fort, ihre Ausrüstung anzulegen.

»Habt ihr mitbekommen, dass sich ein Fernsehteam hier auf der Base herumtreibt?«, fragte Kissel nach einer Phase des Schweigens. »Unglaublich, oder?«

»Wen interessiert´s?«, wollte Gemersheim wissen. »Wenn die hohen Tiere Werbung machen wollen, sollen Sie doch. Wir sind hier, um zu fliegen.«

»Amen!«

Der DKW-Kleinbus brachte sie zum Stellplatz. Das grün-weiße Licht oben auf dem Kontrollturm schnitt scharfe Kanten in die Dunkelheit. Die Scheinwerfer auf dem Rollfeld erhellten den restlichen Platz kaum genug, um den Flugbetrieb zu ermöglichen.

»Wir sind bereit, Herr Oberleutnant«, meldete Seidel, der einen Regenponcho trug.

»Sehr gut.«

Friedrichs stieg ins Cockpit und setzte sich auf den Schleudersitz. Seidel stand auf der Leiter und half dem Oberleutnant dabei, noch einmal das Gurtschloss zu überprüfen. Wart und Pilot vergewisserten sich, dass die Schulter- und Beckengurte korrekt befestigt waren. Dann zog Seidel die Sicherungsbolzen aus dem C2-Schleudersitz.

»Der Sitz ist jetzt scharf«, meldete er und zeigte die Bolzen vor.

»Danke. Wir sehen uns später.«

Nach dem Anlassen der Triebwerke rollten die vier Starfighter durch Dunkelheit und Regen zur Startbahn.

Daniel Friedrichs rückte den Pilotenhelm ein wenig zurecht und schnallte sich die Sauerstoffmaske aus dunkelgrünem Gummi vors Gesicht. Der reine Sauerstoff schärfte das Sehvermögen, ein Vorteil bei einem Nachtflug.

»Löwe Eins. Klar zum Start«, gab Gemersheim als Schwarmführer durch.

»Löwe Zwo. Klar zum Start«, meldete Bergmann.

Dann war Friedrichs an der Reihe: »Löwe Drei. Klar zum Start.«

»Löwe Vier. Klar zum Start«, sagte auch Staake.

»Tower, Flug Löwe ist startklar.«

»Hier Tower. Sie sind zum Start freigegeben.« Der Lotse oben im Kontrollturm betete die trostlosen Wetterdaten herunter.

»Löwe Eins und Zwo. Wir starten.«

»Löwe Zwo. Roger.«

Mit einem Grollen zündeten die Nachbrenner. Sekunden später jagten Gemersheim und Bergmann die Startbahn rauf.

Friedrichs konnte durch die Frontscheibe sehen, wie sich die rot-blauen Feuerstrahlen der Triebwerke nach unten neigten dann in den Himmel aufstiegen.

»Löwe Drei und Vier. Wir starten«, kündigte er an und schob den Leistungshebel nach vorne.

»Löwe Vier. Verstanden.«

Das Grollen hinter Friedrichs steigerte sich zu einem hellen Schrillen, als der Nachbrenner seine höchste Stufe erreichte. Flüchtig dachte der Oberleutnant daran, dass der Bericht von Hauptmann Henke über die defekten Ersatzteile nicht besonders wohlwollend aufgenommen worden war. Immerhin, der Hersteller wollte seine Qualitätskontrollen überprüfen. Friedrichs zog den Bug seines Starfighters nach oben und hob ab. Sekunden später fuhr er Fahrwerk und Startklappen ein und stieg auf 2.000 Fuß.

In der Dunkelheit konnte er die erste Rotte nicht sehen.

Halt, da sind die Blinklichter!

Gemersheim und Bergmann erwarteten sie unterhalb der Wolkendecke.

Die Hände lässig an Steuerknüppel und Schubhebel, steuerten die vier Piloten in eine gelockerte Formation. Turbulente Luft machte ständige Korrekturen bei Flughöhe und Geschwindigkeit nötig.

Friedrichs blickte nach unten auf den Radarschirm. Das Gerät arbeitete im Bodenbetrieb, er konnte den Rhein ganz klar erkennen.

Die vier Piloten flogen bis an die Nordseeküste und drehten dann wieder um.

Nach der Landung erfolgte die übliche Nachbesprechung. Die Piloten verstauten ihre Flugausrüstung in den Spinden und kehrten zum Frühstück im Kasino bei Onkel Jürgen ein.

Friedrichs, als Erster der kleinen Gruppe, war noch nicht mal ganz durch die Tür, da wurde er von hellen Lichtern geblendet.

»Sind Sie einer der eben gelandeten Piloten?«, fragte ein bärtiger Mann, der ein Mikrofon in der Hand hielt.

Der Oberleutnant blinzelte und erkannte dann, dass sich besagtes Fernsehteam im Kasino eingenistet hatte und Kamera und Handscheinwerfer auf ihn richtete.

Hauptmann Henke stand hinter der Kamera und machte mit beiden Händen beschwichtigende Gesten. Es sah aus, als wollte er ein rollendes Flugzeug in Parkposition winken.

Die junge Bundeswehr hatte den richtigen Umgang mit der freien Presse der Bundesrepublik definitiv noch nicht gefunden.

»Sie sind gerade gelandet, oder?«, wollte der Reporter unbedingt wissen. »Wer sind Sie?«

»Das ist Oberleutnant Friedrichs«, warf Henke ein. »Ein Pilot unserer Staffel.«

»Kommen Sie gerade von einem Einsatz zurück?«, bohrte der Bärtige nach.

Friedrichs sah, wie Henke nickte.

»Wir kommen gerade von einem Nachtflug zurück.« Wo sie gewesen waren, durfte Friedrichs dem Reporter natürlich nicht erzählen.

Der Bärtige lächelte verkniffen. »Ihr Geschwader gehört zur Speerspitze der NATO. Was machen Sie, wenn man Ihnen das Ei unter die Maschine hängt?«

Darauf konnte Friedrichs nicht sofort antworten.

»So nennt man in Ihren Kreisen doch die Atombombe: das Ei. Oder?«, verlangte der Bärtige zu erfahren.

Bisher hatte Friedrichs Reporter gemocht. Im Fernsehen zumindest. Dieses Exemplar hier in freier Wildbahn konnte er hingegen überhaupt nicht leiden.

Meist verdrängte man, was der Einsatz in einem Jagdbombergeschwader zu bedeuten hatte. Rund um die Uhr wurden sechs Starfighter, bewaffnet mit einer einzelnen Bombe unter dem Rumpf, in Bereitschaft gehalten. Doch diese Bombe war weit zerstörerischer als Little Boy, jener Koffer, der die japanische Stadt Hiroshima verwüstet hatte. Neben den Flugzeugen in Nörvenich standen auch in Lechfeld, Büchel, Memmingen und Hopsten jeweils sechs Starfighter in Bereitschaft. Rund um die Uhr, 365 Tage im Jahr.

Sie warteten auf den Befehl, von dem alle hofften, dass er niemals erteilt werden würde.

»Ja«, sagte Friedrichs nach einer langen Pause. »Und?«

»Wenn man Ihnen nun den Befehl geben würde, die Bombe ins Ziel zu bringen ...?« Der Bärtige ließ die Frage bedeutungsvoll ausklingen.

»Das wird ja wohl auf absehbare Zeit nicht nötig sein«, meinte Friedrichs unfreundlich.

»Ja, das hoffen wir alle«, sagte der Bärtige salbungsvoll. »Aber wer weiß schon, ob das Militär nicht doch irgendwelche Alleingänge versucht?«

»Das ist völlig unmöglich.« Der Oberleutnant schüttelte den Kopf. »Das Militär untersteht der zivilen Kontrolle.«

»Nehmen wir doch einmal an, Sie würden den Befehl erhalten«, bohrte der Reporter weiter. »Und das Ziel, dass sie atomisieren sollen, liegt in einem Gebiet, in dem die Bewohner unsere Sprache sprechen ...«

Wieder dieses bedeutungsvolle Schweigen am Ende des Satzes. Nein, diesen Reporter konnte Friedrichs definitiv nicht leiden.

»So ein Befehl könnte nur von ganz oben kommen«, sagte er schließlich.

»Würden Sie diesen Befehl ausführen?«, fragte der Bärtige sofort nach.

Friedrichs wusste nicht, wie er die richtigen Worte finden sollte. Er war nach dem langen Flug müde, wollte nur eine Kleinigkeit essen, duschen und dann ins Bett gehen.

Alle Augen aber waren auf ihn gerichtet. Das Kamerateam, Onkel Jürgen, Hauptmann Henke, die versammelten Kameraden, sie alle warteten gespannt auf die Antwort des Oberleutnants.

»Das wäre schließlich eine Frage des Gewissens«, stellte der Reporter hintergründig lächelnd fest.

»Diese Gewissensfrage stellt sich mir nicht erst im Cockpit«, sagte Friedrichs.

»So?«, fragte der Bärtige. »Wann dann?«

»Vor der Wahlurne«, gab Friedrichs zurück.

Hauptmann Henke hob grinsend die beiden hochgereckten Daumen.

Am gleichen Abend

»Was ist los, Daniel?«, wollte Staake wissen.

Sie saßen bei Onkel Jürgen und widmeten sich ihrem Abendessen. In vier Stunden würden sie zu einem weiteren Nachtflug aufsteigen.

»Hm?« Friedrichs hörte auf, lustlos in seinem Salat herumzustochern und hob den Kopf.

»Ich wollte wissen, was mit dir los ist.« Staake sah seinen Freund forschend an. »Wenn es wegen diesem Reporter ist, dann mach dir keinen Kopf. Henke war gegenüber dem Alten voll des Lobes für dich.«

»Ach, den Kerl habe ich doch schon längst vergessen.« Friedrichs betrachtete seine Gabelspitze. »Ich habe Caroline einen Antrag gemacht.«

»Wirklich? Na, das wurde aber auch Zeit! Birgit hat auch gesagt, dass ihr Beide füreinander bestimmt seid!« Dann verharrte Staake. »Moment mal. Wenn du so niedergeschlagen bist, dann ...«

»Ja«, sagte Friedrichs langgezogen. »Sie hat gesagt, sie werde mich nicht heiraten.«

Er stach die Gabel in ein Salatblatt, betrachtete es und legte die Gabel dann neben den Teller.

»Aber ihr liebt euch doch«, wandte Staake ein.

»Caroline sagte, sie werde mich nicht heiraten, solange ich bei der Luftwaffe bin. Sie habe bereits einen Mann wegen der Luftwaffe verloren. Sie will das nicht noch mal durchmachen.«

»Oh.« Die Niedergeschlagenheit in der Stimme seines Freundes betrübte Staake. Dann dachte er darüber nach. »Nun, auf eine Art kann ich Caroline verstehen.«

»Was?« Friedrichs sah auf.

»Na, versuch es doch mal aus ihrer Sicht zu betrachten«, sagte Staake bedächtig. »Sie hat bereits Albert verloren. Das hat sie tief verletzt. Wenn ich mir vorstelle, ich würde Birgit oder Kerstin verlieren ... allein der Gedanke daran könnte mich umbringen.«

Friedrichs glotzte in seinen Salat.

»Ich verstehe es ja«, sagte er leise. »Ich frage mich nur, ob mir das Fliegen im Starfighter wirklich wichtiger ist als Caroline und Robert.«

»Diese Frage kann ich dir nicht beantworten, Kumpel.« Staake versuchte einen Moment lang, sich den Staffelalltag ohne seinen

Freund vorzustellen. »Aber, he, Birgit und ich haben das hinbe-
kommen. Dann schafft ihr das doch auch.«

»Ich weiß nicht ...«

»Mach dir keine Platte. Das renkt sich alles wieder ein.« Dies
hoffte Staake zumindest. Er würde darüber mit Birgit sprechen
müssen.

Wenig später starteten er und Friedrichs zu ihrem Nachtflug.

Flugplatz Hopsten, am frühen Morgen

Drei Fluglotsen schoben Dienst im Kontrollturm des im Teck-
lenburger Land gelegenen Flugplatzes Hopsten. Ein Oberleutnant
war der Ranghöchste unter ihnen. Er griff nach einem Becher mit
nur noch lauwarmen Kaffee, nippte daran und verzog das Gesicht.

»Ist noch frischer Kaffee da?«, fragte er seine Kameraden, beide
im Rang eines Leutnants stehend.

»Ja, in der Thermoskanne«, antwortete einer von ihnen. Er griff
danach und reichte sie dem Oberleutnant.

Der füllte seine Tasse mit heißem Kaffee wieder auf und trank
einen Schluck.

Er sah auf den Bildschirm. Das rotierende Segment des Radar-
schirms konnte auf den Bediener eine einschläfernde Wirkung
entfalten. Es waren nur wenige Flugzeuge in der Luft, die Schicht
bis dato äußerst ruhig verlaufen.

Der Oberleutnant betrachtete die Symbole auf seinem Schirm.
Ein paar Linienmaschinen zogen träge auf ihren Kursen dahin.
Zwei schnelle Jets, die sich von Norden her näherten, verrieten
dem Lotsen durch ihre Kennung, dass es sich um Kampfflugzeuge handelte. Plötzlich veränderte sich eines der beiden Symbole, was sofort die Aufmerksamkeit des Oberleutnants weckte.

»Mayday! Mayday! Mayday!«, plärrte ein eingehender Funkruf
auf dem Lautsprecher. »Hier Flug Bronco! Ich rufe Flugplatz
Hopsten! Hopsten, bitte kommen!«

Der Oberleutnant reagierte sofort. »Hier Flugplatz Hopsten.
Empfange Ihren Notruf, Flug Bronco. Bitte nenne Sie Ihren Flug-
zeugtyp.«

»Flug Bronco besteht aus zwei Foxtrott eins-null-vier. Keine Bewaffnung an Bord.«

»Bestätigte, Flug Bronco. Ich habe Sie auf dem Radar. Entfernung drei-eins Kilometer, Höhe 7.000. Was haben Sie für einen Notfall?«

»Hopsten, hier Bronco Zwo. Bronco Eins hat Rauch im Cockpit. Erbitte Freigabe für eine Notlandung«, gab der Pilot durch.

Der Oberleutnant im Kontrollturm drückte auf seine Sprechtaste. »Verstanden, Bronco Zwo. Bronco Eins hat Rauch im Cockpit. Bahn 1-19 ist für eine Notlandung freigegeben.«

Er sah zu seinen Kameraden. »Alarm für die Rettungskräfte. Eine F-104 befindet sich im Anflug. Der Pilot hat Rauch im Cockpit.«

»Verstanden!«

Beide griffen zu ihrem Telefon und meldeten den Notfall weiter.

Der Oberleutnant schaltete indessen sämtliche Lichter der Landebahn ein und rief die beiden Piloten erneut an: »Flug Bronco, hier Hopsten. Landebahnbefeuerung ist aktiv. Die Rettungskräfte sind alarmiert. Wind kommt aus zwo-drei-null mit null-sieben Knoten.«

»Hier Bronco Zwo. Verstanden, Hopsten.«

Der Oberleutnant beobachtete weiter seinen Radarschirm. Wie mochte es wohl jetzt dort oben sein? In einer Kanzel, die sich mit Rauch füllte? Er erschauderte.

»Flug Bronco, hier Hopsten. Laut meinem Radar sind Sie sind noch eins-neun-Kilometer entfernt, Höhe 5.000. Freigabe zum Sinken auf 2.000.«

»Hopsten, hier Bronco Zwo. Verstanden. Der Rauch in der Kanzel von Bronco Eins wird jetzt dichter, wiederhole, dichter.«

»Verstanden, Bronco.« Der Oberleutnant wandte sich seinen Kameraden zu, in seinen Augen stand der blanke Schrecken. »Mehr Rauch in der Kanzel von Bronco Eins!«, rief er etwas zu laut. Er stand auf, hastete los, durch die Tür nach draußen. Das überlange Kabel des Kopfhörers ließ einen solchen Bewegungsradius zu.

Blaue Lichter zuckten zwischen den Gebäuden auf. Die Feuerwehr und die Rettungswagen rasten über das Vorfeld und brachten sich bei der Landebahn in Position.

»Flug Bronco, hier Hopsten. Rettungsfahrzeuge stehen an der Landebahn bereit. Sie sind jetzt bei null-neun Kilometer, Höhe 2.000. Landebahn ist bereit.«

»Hopsten, hier Bronco Zwo. Verstanden. Danke.«

Der Oberleutnant kehrte ins Innere zurück und knetete sich nervös die Finger. Einer seiner Kameraden klopfte ihm auf die Schulter, er riss sich die Kopfhörer von den Ohren.

»Der Alte ist am Telefon«, sagte er und reichte ihm den Hörer des Telefons.

»Herr Oberst?«, meldete sich der Oberleutnant. »Jawohl, ein Notfall. Eine F-104 hat Rauch im Cockpit und setzt zu einer Notlandung an. Jawohl, Herr Oberst.«

Er reichte den Hörer zurück. »Der Chef will sofort informiert werden, wenn es was Neues gibt.«

»Hopsten, hier Flug Bronco«, kam es wieder aus den Lautsprechern. »Wir sehen die Lichter der Landebahn. Gehen runter auf 1.000.«

Der Oberleutnant streifte die Kopfhörer wieder über. »Bronco, hier Hopsten. Landung ist freigegeben. Wind immer noch aus zwo-drei-null, jetzt mit null-fünf Knoten.«

»Hopsten, hier Bronco. Verstanden.«

»Kommt schon, Jungs«, sagte der Oberleutnant, ohne die Sprechtaste zu drücken. »Ihr packt das. Ihr habt es gleich geschafft.«

Der zweite Leutnant stand mit dem Fernglas vor der Scheibe. »Ich kann die Lichter der Flugzeuge sehen!«

»Hopsten! Hier Bronco Zwo! Bronco Eins hat Feuer an Bord! Wiederhole: Bronco Eins hat Feuer an Bord!«

»Bronco Zwo, Hopsten. Verstanden. Feuer an Bord. Geben es sofort weiter.«

Der Oberleutnant sah auf, aber der Leutnant neben ihm war schon am Telefon und informierte die Rettungskräfte über die veränderte Lage.

»Oh, Scheiße!«, rief der Pilot im Funkkreis aus. »Er geht runter!«

»Bronco Zwo, wiederholen Sie!«

»Bronco Eins stürzt ab! Bronco Eins stürzt ab!«

»Er schafft es nicht!«, stieß der Leutnant mit dem Fernglas erschrocken hervor.

Draußen im Dunkeln, nur knapp vor der Landebahn, zuckte ein Feuerball in die Höhe. Zwei Sekunden später schlug das Grollen der Detonation gegen die Scheiben und brachte sie zum Erzittern.

»Großer Gott.« Dem Oberleutnant war nicht bewusst, dass er diese Worte ausgesprochen hatte.

Die Rettungsfahrzeuge flitzten die Bahn entlang, während der zweite Starfighter über sie hinwegdonnerte.

Der Oberleutnant fuhr sich mit der Hand über die trockenen Lippen. Dann griff er zum Telefon, um den Kommandeur über den Absturz zu unterrichten

Flugplatz Nörvenich, einige Tage später

Oberleutnant Daniel Friedrichs gähnte hinter seiner Sauerstoffmaske. Nach dem Absturz eines Piloten vom Jagdbombergeschwader 36 in Hopsten war ein Flugverbot für alle Starfighter von Luftwaffe und Marine verhängt worden. Nach drei Tagen war es wieder aufgehoben worden und die Einsätze gingen wie gewohnt weiter.

Friedrichs befand sich zusammen mit Kissel auf einem Übungsflug zur Ostsee.

»Flug Tiger, hier Leitstelle Rover«, erreichte sie der Funkruf der Bodenstation.

»Rover, hier Flug Tiger. Ich höre.«

»Tiger, hier Rover. Wir haben ein Objekt auf dem Schirm, das Sie für uns überprüfen sollen. Steuerkurs null-vier-sieben, Höhe eins-fünf-hundert.«

»Bestätige, Rover. Kurs null-vier-sieben, Höhe eins-fünf-hundert«, wiederholte Friedrichs sofort. »Tiger Zwo, hier Eins. Hast du mitgeschnitten?«

»Tiger Eins, hier Zwo. Jawohl, das habe ich«, bestätigte Kissel aufgeregt.

»Nur die Ruhe. Wir finden unseren Kunden schon früh genug.« Friedrichs rief im Geiste die Gebietskarte auf. »Der will wohl zum Skagerrak. Bis dahin ist es noch ein Stück.«

Nach einigen Minuten geriet etwas in Friedrichs Sicht. Zuerst erschien es lediglich als kleiner Punkt am Himmel. Es handelte sich erkennbar um ein Flugzeug.

Der Oberleutnant sah nach rechts. An seiner Seite hing der Starfighter von Kissel scheinbar unbeweglich in der Luft. Die graue See unter ihm wirkte wie eine einzige, verworrene Platte, zu gleichförmig, um ihm ein Gefühl der Bewegung zu vermitteln. Nur die unförmigen, grauen Wolkenberge über seinem Flieger schienen langsam vorbeizurollen. Man hätte glauben können, die

Flugzeuge würden stationär am Firmament kleben und die Erde drehe sich unter« ihnen weiter. Das war natürlich nur eine Illusion. In Wirklichkeit rasten die Jäger mit einem wahnwitzigen Tempo durch die Atmosphäre auf ein unbekanntes Ziel zu. Aus den Triebwerken schlugen blau-violette Flammen.

Friedrichs schob den Leistungshebel etwas nach vorn. Kissel blieb unbeirrbar an seiner Seite. Die beiden Kampfjets schossen nur so auf das unbekannte Ziel zu, das in ihrem Sichtfeld rasch heranwuchs.

Jetzt konnte Friedrichs erkennen, mit was für einer Art Flugzeug sie es zu tun hatten: Es handelte sich um einen Tupolew-Bomber, eine sogenannte »Bear«. Das war der NATO-Codename für die Tu-95. Der sowjetische Langstreckenbomber kam auch als Seeaufklärer zum Einsatz und konnte bis weit auf den Atlantik hinausfliegen.

»Rover, hier Flug Tiger. Haben Ihr Ziel in Sicht. Eine Tango-Uniform-neun-fünf Bear.«

»Tiger, hier Rover. Verstanden. Eine Bear.«

»Tiger Zwo, hier Eins. Wir setzen uns links neben ihn. Wechsel auf meine linke Seite.«

»Tiger Zwo. Verstanden. Ich wechsle an deinen linken Flügel«, antwortete Kissel ohne Umschweife.

Friedrichs beobachtete, wie sein Flügelmann dessen Maschine unter ihm hindurch nach links verschob. Darüber hinaus konnte er jetzt den Schützen im Heckstand der Bear ausmachen. Der hatte den Lauf seiner beiden Kanonen auf maximale Erhöhung eingestellt, also weit weg von den zwei NATO-Maschinen, die sich näherten. Das war eine freundliche Geste, wie der Oberleutnant fand.

»In Ordnung, Tiger Zwo. Dann winken wir dem Iwan mal.«

Die beiden F-104 setzten sich links neben die Bear. Friedrichs meinte, dass das laute Dröhnen der Propellertriebwerke sogar noch in seiner Kanzel widerhallte.

»Junge, ist das ein großer Vogel«, versetzte Kissel beeindruckt.

Das stimmte, die beiden Starfighter wirkten geradezu mickrig neben der Tu-95 mit ihren vier Propellertriebwerken.

»Hallo, Iwan.« Friedrichs winkte dem Piloten zu.

Der winkte etwas zögerlich zurück.

»Ist ja kaum zu glauben«, staunte Kissel. »Ich dachte, die dürfen uns nicht winken.«

Friedrichs präsentierte den Russen den hochgereckten Daumen. »Vielleicht dürfen sie es doch. Und falls nicht, dann werde ich es seinem Chef jedenfalls nicht erzählen.«

Kissels Lachen dröhnte im Äther. »Ich auch nicht!«

Einige Minuten lang flogen die beiden Starfighter und die gigantische Bear Seite an Seite.

»Wir kriegen noch mehr Gesellschaft«, meldete Kissel dann. »Auf vier Uhr, zwei Jäger. Ich glaube, das sind Schweden.«

Friedrichs konnte zwei kleine Flugzeuge ausmachen, die mit großer Geschwindigkeit herangebraust kamen. Es handelte sich wirklich um Schweden, sie flogen die Saab Draken, ein Doppeldeltajäger, also ein Flugzeug, dass nur einen riesigen, dreieckigen Flügel, jedoch kein konventionelles Höhenleitwerk besaß.

Die Schweden bezogen an der rechten Seite des russischen Langstreckenbombers eine ähnliche Position wie die beiden deutschen Starfighter an dessen linker Fläche.

»Jetzt müsste man eine Kamera zur Hand haben«, meinte Kissel. »Das wäre doch mal ein tolles Foto. Richtiges Postkartenmotiv. Grüße von den Blöcken oder so!«

»Da hast du recht.«

Die schwedischen Piloten grüßten aus ihrer Kanzel heraus, der Bear-Pilot und Friedrichs winkten zurück.

»Ist ja toll!«, freute sich Kissel.

Bald wurde es Zeit, diese seltsame Formation aufzulösen. »Wir müssen zurück, bevor uns der Sprit ausgeht«, bemerkte Friedrichs.

»Jammerschade.«

Friedrichs winkte zum Abschied und die beiden Starfighter drehten ab. Die Schweden würden die Bear noch eine Weile begleiten, um achtzugeben, dass die Russen keinen Schabernack im Sinn hatten.

»Jetzt hast du etwas, was du bei Onkel Jürgen erzählen kannst«, sagte Friedrichs zu Kissel.

Der Rückflug verlief ohne Zwischenfälle. Die beiden Piloten der Luftwaffe stellten die Maschinen ab und brachten die Nachflugbesprechung hinter sich.

»Ab zu Onkel Jürgen «, kündigte Kissel ungeduldig an. »Kommst du mit?«

»Ne, ich gehe lieber erst mal unter die Dusche.«

Friedrichs wusch sich und kehrte auf seine Stube zurück. So kam es, dass er sich gerade erst die Hose hochzog, als es an der Tür klopfte.

»Einen Moment, bitte!«, rief er und schloss den Knopf am Hosenbund, bevor er mit entblößtem Oberleib die Tür öffnete.

»Hallo, Daniel«, begrüßte ihn Birgit Staake. »Ich bin hier, um deinen Monatsbeitrag für den Verband einsamer Piloten zu kassieren.«

Der Oberleutnant lachte auf. »Was kann ich für dich tun?«

»Ich habe zusammen mit Kerstin unseren Karl abgeholt. Dann habe ich sie ein Eis essen geschickt, damit ich nach dir sehen kann. Darf ich reinkommen?«

»Sicher.« Er trat beiseite, damit sie eintreten konnte, ließ die Tür aber offen. »Kurt weiß, dass du hier bist?«

Sie ließ die Frage unbeantwortet und sah sich kurz in der ordentlich aufgeräumten Stube um, ohne, dass ihre Aufmerksamkeit an etwas Bestimmtem haften blieb.

»Warum lässt du die Tür offen?« fragte sie.

»Das weißt du doch …« Friedrichs druckste etwas herum, ein unbehagliches Bauchgefühl beschlich ihn. »… eine Frau ist in meiner Stube und die Tür geschlossen. Sollen die Jungs etwa auf falsche Gedanken kommen?«

»Sorgst du dich um deinen Ruf? Oder um meinen?«, schnippte Birgit mit spitzer Zunge. »Deine Kameraden wissen doch, wer ich bin.«

»Gerade drum«, grummelte Friedrichs, ehe er vollends erfasste, was er da gesagt hatte. Er wedelte abwehrend mit den Händen, beeilte sich anzufügen: »So meinte ich das nicht!«

Birgit lächelte, sie schien sich über ihn zu amüsieren. Dann wurde sie von der einen auf die andere Sekunde ganz ernst. »Karl hat mir von dir und Caroline erzählt.«

Friedrichs fühlte sich nun noch unbehaglicher. »Er teilt wirklich alles mit dir, nicht?«

»Sicher tut er das. Weil er genau weiß, was ihm blüht, wenn er es nicht macht und ich es dann herausfinde.« Sie gerierte sich dabei todernst. Friedrichs versuchte aus ihren Zügen zu lesen, was ihm nicht gelang.

»Er erzählt mir alles, weil er mich liebt und Vertrauen zu mir hat«, fuhr Birgit lauter werdend fort. Friedrichs Blick glitt zur offenen Tür. »Er macht sich Sorgen um dich. Und ich auch.«

»Das ist lieb von euch, aber damit muss ich alleine klarkommen.« Friedrichs versuchte sich an einem lockeren Witz: »Ich bin doch schon drei mal sieben alt.« Er scheiterte kläglich. Nichts schien Birgits stählerne Gesichtsmaske aufbrechen zu können.

»Wir sind deine Freunde«, erinnerte sie ihn in einem Tonfall, mit dem der Lateinlehrer gegenüber seinen Schülern die korrekte Verwendung des Ablativs anmahnen würde. »Das bedeutet natürlich auch, dass wir dich in so einer Situation nicht alleine lassen, sondern dir mit guten Ratschlägen und – wahrscheinlich vergeblichen – Aufmunterungsversuchen auf die Nerven gehen werden.«

Friedrichs klimperte mit den Lidern.

»So, und jetzt zieht dir endlich etwas an«, verlangte Birgit resolut wie ein US-amerikanischer Drill Sergeant. »Kein Benehmen, der Mann! Du, ich, Karl und Kerstin werden gleich in die Stadt fahren und egal, was wir machen, es wird dir gefallen. Haben wir uns verstanden, Oberleutnant?«

»Zu Befehl, Frau Feldwebel!« Friedrichs salutierte wie im Klamaukfilm und beeilte sich, ihren Anweisungen Folge zu leisten.

Am gleichen Abend

»Gut, sie ist Zuhause«, sagte Birgit Staake, als sie den Opel Rekord ihres Mannes vor dem Haus der Wegeners parkte. Die Lichter in der Küche und im Wohnzimmer waren eingeschaltet.

Birgit stieg aus, verschloss den Wagen und ging zur Haustür. Sie klingelte und wartete.

Caroline öffnete die Tür wenige Sekunden einen Spalt breit.

»Oh, du bist es!«, rief sie überrascht aus.

»Hast du jemand anderen erwartet?«, wollte Birgit neugierig wissen.

»Nein, natürlich nicht«, erwiderte Caroline hastig. Dann zeichnete sich kurzzeitig Erschrecken auf ihrem Gesicht ab.

»Daniel geht es gut«, sagte Birgit sofort.

»Ach, ja? Wie schön für ihn«, meinte Caroline spitz, nachdem sie kurz innegehalten hatte, um sich eine passende Antwort zu überlegen.

»Darf ich für einen Moment reinkommen?«, fragte Birgit. Es klang allerdings eher nach einer Forderung. »Ich würde gerne etwas mit dir besprechen.«

»Natürlich. Entschuldige.«

Caroline ließ Birgit eintreten.

»Gehen wir doch in die Küche.«

»In Ordnung.«

Sie durchmaßen den Flur, als Robert im Durchbruch erschien, welcher ins Wohnzimmer führte.

»Daniel?«, fragte er mit leuchtenden Kinderaugen.

»Mist«, fluchte Caroline leise. »Nein, Spatz. Es ist Tante Birgit.«

»Hallo Robert.«

»Hallo.« Der Junge sah betrübt zu seiner Mutter auf. »Wann kommt Daniel wieder?«

»Ach, Spätzchen, ich habe dir doch gesagt, dass Daniel nicht mehr herkommt.«

Robert stellte die Unterlippe vor und sagte dann klar und deutlich: »Mist.«

Er verschwand ins Wohnzimmer, ohne seine Mutter eines weiteren Blickes zu würdigen.

Caroline sah Birgit an. »Setzen wir uns doch.«

Sie nahmen am Küchentisch Platz.

»Es ist sehr schwer für den Jungen«, seufzte Caroline. »Ganz schlimm wurde es, als er Daniel auch noch im Fernsehen gesehen hat.«

»Wann war Daniel denn im Fernsehen?«, wollte Birgit stirnrunzelnd wissen.

»Na, als sie diesen Bericht über das Geschwader gezeigt haben!«, brauste sie auf. Etwas schien sie aufzuwühlen. »Er kam wohl gerade von einem Nachtflug zurück, als dieser Reporter ihm dumme Fragen stellte. Seitdem hofft Robert jeden Tag darauf, ihn wieder im Fernsehen zu sehen.«

Birgit drückte den Rücken gegen die Stuhllehne. »Er vermisst Daniel.«

»Ja.« Caroline starrte vor sich hin. »Ja, das tut er.«

»Ich habe gelogen, als ich sagte, es ginge Daniel gut«, sagte Birgit dann. »Er leidet. Er vermisst Robert. Und er vermisst dich.«

Caroline blieb stumm, stocherte mit flüchtigen Blicken in der Kücheneinrichtung herum.

»Und du vermisst ihn ebenfalls«, stellte Birgit mit einer Überzeugung in der Stimme fest, als handelte es sich um einen unverrückbaren Fakt. »Auch wenn du es nicht zugeben magst.«

»Ich habe nie gesagt, dass ich Daniel nicht vermisse«, verteidigte sich Caroline.

»Warum reagierst du dann nicht auf seine Anrufe?«, verlangte Birgit zu erfahren. »Und warum hast du ihm die Tür vor der Nase zugeknallt, als er hier gewesen ist?«

»Weil er sich nun einmal gegen uns entschieden hat«, sagte Caroline in scharfem Tonfall.

»Ich habe ihn gebeten, die Luftwaffe zu verlassen … aber er wollte nicht.« Die hellen Tränen der Empörung schossen in ihre Augen. Um ihre Augen zuckte es.

»Und jetzt versuchst du so zu tun, als ob du ihn nicht mehr lieben würdest?«

»Ich liebe den verdammten Hurensohn immer noch!«, rief Caroline wütend aus. »Aber ich werde meinem Sohn nicht nochmal erklären, dass sein Vater nicht mehr zurückkommt!«

»Albert ist nicht mehr hier, Caroline.«

»Er hätte es aber sein können! Ich habe ihn vor die Wahl gestellt, Birgit, willst du das nicht begreifen? Entweder die Luftwaffe oder Robert und ich … und der blöde Kerl hat sich nicht für uns entschieden!« Sie weinte. Schrie. Klagte an. Alles gleichzeitig.

Birgit blickte sie suchend an.

»Behaupte ja nicht, du wärst nicht jedes Mal krank vor Sorge, wenn Karl fliegt«, fuhr Caroline ganz außer sich fort. Weiße Perlen zeichneten schwarze Bahnen auf ihren Wangen. »Ich habe jeden Tag für die sichere Rückkehr von Albert gebetet. Und wie ich gebetet habe! Aber an diesem verdammten Dienstag ist er dann nicht mehr zurückgekommen! Ich bin daran fast zu Grunde gegangen, Birgit. Kannst du das eigentlich begreifen?« Nun wich das Aggressive, das Anklagende vollständig aus ihrer Sprache. Übrig blieb allein erschütternde, zersetzende Trauer. »Das werde ich nicht noch einmal durchmachen.« Sie weinte nun ungehemmt.

Birgit sah sie lange an. Dann sagte sie: »Bist du dir sicher, dass du Daniel vor eine faire Wahl gestellt hast?«

»Was soll das heißen?«

»Würde es dich überraschen, wenn ich dir erzähle, dass Daniel mit Karl darüber gesprochen hat, die Luftwaffe zu verlassen?«

Birgit machte eine kleine Pause.

»Caroline, du weißt, wie viel Daniel das Fliegen bedeutet. Das ist bei Karl ganz genauso. Aber ich würde ihn nie vor die Wahl stellen, entweder zu Fliegen oder mit Kerstin und mir zusammen zu sein.« Birgit schüttelte den Kopf. »Karl würde sofort mit dem Fliegen aufhören, wenn ich ihn darum bitte. Und er würde es für den Rest seines Lebens bedauern. Ich liebe ihn zu sehr, um das von ihm zu verlangen.«

Die beiden Frauen wechselten einen langen Blick.

»In diesem Punkt sind wir auf verschiedenen Seiten, Birgit«, stellte Caroline nüchtern fest. Der Tränenfluss war versiegt und sie klang nun ganz aufgeräumt und klar. »Du weißt, wie die Presse diese Dinger schimpft, in denen sie fliegen: Witwenmacher! Und du weißt, dass sie recht haben. Vielleicht passiert es nicht heute oder morgen, aber es wird passieren. Und ich will Robert nicht eines Tages sagen müssen, dass Daniel tot ist. Das schaffe ich nicht …«

»Daniel ist tot?«, rief Robert erschrocken aus. Der Junge stand, von beiden Frauen bisher unbemerkt, im Türrahmen und ließ vor Schreck sein Blechfeuerwehrauto fallen.

»Nein! Nein, Robert, nein«, versuchte Caroline ihren Sohn zu beruhigen, während sie aufsprang und ihn in die Arme schloss. »Daniel geht es gut. Alles ist in Ordnung.«

»Nein«, sagte Robert. »Ich will, dass Daniel wieder hier ist!«

»Spatz, Daniel kommt nicht wieder her.«

»Ich will aber, dass Daniel wieder herkommt!«, rief Robert trotzig aus, befreite sich aus der Umarmung seiner Mutter und rannte aus der Küche.

Caroline atmete tief durch und schritt zum Küchenschrank. Sie nahm eine Flasche und zwei Gläser heraus und stellte sie auf den Tisch. Dann schenkte sie zwei Finger breit in jedes Glas ein. »Ist der gute Stoff aus England«, sagte sie. »Nimm das Glas Scotch, dann brauche ich wenigstens nicht alleine zu trinken.«

Birgit hob das Glas und prostete ihrer Freundin zu.

Für zwei Minuten sagte keine der beiden Frauen auch nur ein Wort.

»Es tut mir leid«, meinte Birgit dann. »Ich wollte nicht, dass Robert sich so aufregt.«

»So was passiert inzwischen fast jeden Tag«, gab Caroline zu. »Er fragt nach Daniel, ich erkläre ihm, dass Daniel uns nicht mehr besuchen kommt und er weint oder tobt.«

»Der Junge liebt Daniel wirklich«, sagte Birgit sanft.

»So lange Daniel bei der Luftwaffe ist, werde ich ihn nicht heiraten«, wiederholte Caroline stur. »Und auch nicht mehr sehen oder sprechen!«

Sie konnten Robert im Wohnzimmer schluchzen hören.

»Ich sehe nach ihm«, sagte Caroline. »Ich erkläre ihm noch mal, dass es besser ist, wenn Daniel uns nicht mehr besucht. Er wird es schon irgendwann verstehen.«

»Caroline«, wisperte Birgit. »Für wen ist es besser, wenn Daniel nicht mehr herkommt? Für Robert? Oder für dich?«

Für einen Moment sah es so aus, als holte Caroline zu einer heftigen Antwort aus, doch dann drehte sie sich nur um und verließ den Raum. Birgit lauschte dem Hallen ihrer Absätze auf den Fliesen im Flur.

Flugplatz Nörvenich, eine Woche später

»In Ordnung, Kameraden«, begann Hauptmann Henke. »Für heute ist ein Rundflug mit vier Maschinen geplant. Die Route führt von Nörvenich über Hopsten nach Jever in Ostfriesland.«

Der Hauptmann zeigte die geplante Flugroute auf der Karte.

»Von dort drehen wir um und fliegen zurück nach Süden über Gütersloh, Frankfurt und schließlich heim nach Nörvenich.«

»Ah, also eine Rundreise über all die malerischen Orte des Landes«, witzelte Gemersheim und die anderen grinsten.

»Die Wolkenobergrenze liegt bei 17.500 Fuß«, meinte Henke lächelnd. »Deine malerischen Orte werden wir also kaum zu sehen bekommen, Otto. Pech gehabt.«

Friedrichs und Staake lachten. Gemersheim nahm das achselzuckend zur Kenntnis.

Die Piloten beendeten die Vorflugbesprechung und wurden zu ihren Maschinen gefahren. Zusammen mit den Warten führten sie alle vorgeschriebenen Kontrollen durch. Es gab keinerlei Beanstandungen.

»Sehr gut«, lobte Friedrichs. »War sonst noch etwas?«

»Nein, Herr Oberleutnant«, meldete Seidel geschäftsmäßig. »Wir haben nur den Sauerstoffvorrat aufgefüllt und überprüft. Alles in Ordnung.«

»Das freut einen doch.« Friedrichs unterzeichnete und übernahm damit die Verantwortung für die Maschine. Er kletterte in die Kanzel und gurtete sich an. Die letzten Kontrollen waren rasch durchgeführt, einige Minuten später schlichen die vier Starfighter zur Startbahn. Für den langen Flug waren neben den üblichen Tiptanks an den Flügelspitzen zwei Zusatztanks unter den Flächen angebracht worden.

»Kontrollturm, Flug Panther ist startklar«, gab Henke an den Tower durch.

»Flug Panther, hier Kontrollturm. Start freigegeben.«

Henke und Gemersheim starteten als erstes, Friedrichs und Staake bildeten die nachfolgende Rotte. Trotz der schweren Tanks beschleunigte Friedrichs Maschine in brachialem Tempo, sie raste innerhalb von Sekunden die Bahn hinunter. Bei 350 Stundenkilometern zog Friedrichs sie hoch. Noch bevor er das Fahrwerk ganz eingefahren hatte, befand er sich schon in den Wolken.

Wie erwartet, durchbrachen sie bei 17.500 Fuß die dichte Wolkendecke. Die Starfighter fanden einander unter dem Glanz der Sonne, die grell strahlend am Horizont klebte. Ihr Schein vergoldete die Flächen der Kampfflugzeuge. Friedrichs bot sich ein majestätischer Anblick. Unter ihm funkelte das Wolkenmeer wie das Stillleben eines aufgepeitschten Ozeans, der sich zu mit Schaumkronen besetzten Wellengebirgen auftürmte.

»Panther Eins an alle. Bei euch alles in Ordnung?«, ertönte Henkes Stimme im Funkkreis.

»Panther Zwo. Alles bestens«, antwortete Gemersheim.

Friedrichs drückte auf die Sendetaste. »Panther Drei. Alles klar.«

»Panther Vier. Alles klar. Ich hätte mir nur was zum Lesen mitbringen sollen,« meinte Staake.

Henke schüttelte den Kopf. »Lass das mal schön bleiben, Vier!« Er ließ zwei Sekunden verstreichen. »In Ordnung, wir steuern den ersten Wegpunkt an.«

Sie stiegen auf ihre Reiseflughöhe von 27.000 Fuß, ließen Nörvenich hinter sich, passierten Hopsten und nahmen dann Kurs auf Jever im Norden.

Gemersheim fiel auf, dass die Maschine des Hauptmanns etwas unruhig in der Luft lag. Sie zuckte, wackelte hin und her, als würde sie im Auge eines Tornados fliegen.

»Panther Zwo an Eins. Alles in Ordnung?«

»Panther Eins, ja. Ich habe nur etwas Kopfschmerzen bekommen.«

»Drehen Sie den Sauerstoff voll auf, Eins«, riet Gemersheim. »Das hilft für gewöhnlich.«

»Danke«, gab Henke zerknirscht zu Protokoll.

Friedrichs derweil suchte laufend den Himmel ab, wollte er doch keinem Linienflugzeug in die Quere kommen. Die Flugpläne der Bundeswehr waren der zivilen Luftfahrt zwar bekannt, doch Fehler wurden überall begangen ... es lag noch gar nicht so lange zurück, da hatten sich zwei leichte Jagdbomber vom Typ Fiat G.91 einem Verkehrsflugzeug bis auf zwei Meilen genähert. Dies entsprach zwar den Sicherheitsbestimmungen, denn sowohl die G.91 als auch der Linienjet waren durch die Flugaufsicht kontrolliert gewesen. Allerdings saß in jener Zivilmaschine Queen Elizabeth II. persönlich. London hatte für den Überflug auf einem Mindestabstand von drei Meilen bestanden, und Bonn hatte dies zugesichert. Nur hatten die beiden deutschen Piloten davon nichts gewusst und waren gedankenlos näher herangegangen, was ihre britischen Pendants weidlich nervös gemacht hatte. Und so titelten die britischen Tageszeitungen tags darauf: »The Huns attacked the Queen!«

Eine Schlagzeile, die in England alte Emotionen weckte ...

Die vier Starfighter-Piloten erreichten schon bald den Norden Deutschlands.

Friedrichs studierte seine am Kniebrett befestigte Karte. »Panther Drei an Eins. Unserer Flugzeit nach, müssten wir bald Jever erreicht haben. Soll ich die Kontrolle anfunken?«

Von Hauptmann Henke kam keine Antwort.

»Panther Drei für Panther Eins. Kommen«, versuchte es Friedrichs erneut.

Keine Reaktion.

»Panther Drei. Funkcheck.«

»Panther Zwo, ich höre dich, Drei«, sagte Gemersheim.

»Panther Vier. Ebenso.«

Friedrichs leckte sich über die plötzlich trockenen Lippen. »Zwo, versuch du es mal. Vielleicht antwortet er dir.«

»Roger, Drei.« Gemersheim sah zu der Maschine seines Flügelmannes rüber. »Panther Zwo an Panther Eins. Kommen.«

Nichts.

»Drei an Zwo. Kannst du irgendwas sehen?«

»Moment, Drei. Ich setzte mich direkt neben ihn.«

Gemersheim gab mehr Schub und schloss bis auf Cockpithöhe zu Henke auf.

Nun konnte er den Hauptmann sehen. Er hing nach vorne gebeugt in den Gurten, den Kopf gesenkt, und rührte sich nicht.

»Oh, Scheiße«, platzte es aus Gemersheim hervor. »Ich glaube, er ist bewusstlos!«

»Was?«

Gemersheim berichtete, was er sah.

Friedrichs Gedanken rasten. »Fliegt er stabil?«

»Scheint so. Er muss den Autopiloten eingeschaltet haben.«

»Warte«, sagte Friedrichs. »Ich verschiebe mich an seine linke Seite.«

Er bewegte den Steuerknüppel entsprechend, sein Starfighter reagierte butterweich und setzte sich neben den Flieger vom Hauptmann, der noch immer schlaff in den Gurten hing.

»Oh Gott. Zwo und Vier, geht ein wenig auf Abstand für den Fall, dass die Maschine doch plötzlich Manöver macht. Zwo, ruf die Bodenstation und melde, was hier los ist. Ich bleibe bei Henke.«

»Zwo, verstanden«, antwortete Gemersheim knapp und sendete sogleich einen Notruf.

Die Radarkontrolle löste Alarm aus.

Zwei dänische Starfighter stiegen auf und gesellten sich zu der deutschen Viererformation, die geradewegs auf die Nordsee zusteuerte.

Am Boden versuchte man indessen fieberhaft herauszufinden, was passiert war und wo Panther Eins eventuell aufschlagen würde, sollte er den aktuellen Kurs beibehalten. Das Ergebnis der Berechnungen war erschreckend: Nach einem Flug von zwei Stunden und 21,5 Minuten würde der Starfighter genau über der Innenstadt von Narvik in Nordnorwegen niedergehen. Die Norweger wurden sofort alarmiert, von Bodø aus stiegen eiligst Abfangjäger auf.

Die Ereignisse überschlugen sich.

»Flug Panther, hier Leitstelle Rover. Nach unseren Berechnungen wird Panther Eins über Narvik abstürzen. Norwegische Abfangjäger steigen in diesen Minuten auf. Können Sie noch irgendetwas tun?«

»Was sollen wir denn schon groß machen?«, maulte Gemersheim. »Verdammte Scheiße!«

»Und ausgerechnet Narvik«, murmelte Friedrichs vor sich hin. Die Hafenstadt lag nördlich des Polarkreises, zählte etwa 18.000 Einwohner. Das waren 18.000 unschuldige Seelen, die nicht wussten, welche Gefahr mit einem Affenzahn auf sie zuraste.

»Die Norweger werden ihn abfangen«, befürchtete Staake.

»Das ist noch gar nicht raus«, entgegnete Gemersheim. Er klang, als müsste er zuallererst sich selbst davon überzeugen. »Wir müssen jetzt ruhig bleiben"«

»Ruhig bleiben? Ist das dein Ernst?«, brauste Staake auf. »Die werden ihn abschießen, verdammte Axt!«

Friedrichs starrte auf Henkes Flieger. Er blieb an ihm dran. Der Anblick des in den Gurten hängenden Hauptmanns grub ihm den Magen um. Der Autopilot würde ihn auf Kurs halten, bis der letzte Tropfen Sprit verbraucht war.

»Und da kommen sie auch schon!«, rief Staake, als er die norwegischen Abfangjäger ausmachte. Zwei Starfighter näherten sich von Nordwesten und bezogen links von den deutschen Flugzeugen Position.

»Das sind bloß die Dänen«, versuchte Friedrichs seine Kameraden zu beruhigen. »Die sind nur hier, weil wir jetzt in ihren Luftraum eindringen.« Er winkte unsicher den fremden Piloten. Einer der Dänen wackelte zur Antwort mit den Flächen.

»Und als nächstes werden die Norweger kommen!«, brabbelte Staake, der jeden Sinn für die Funkbetriebssprache der Luftwaffe verloren hatte. »Die werden ihn abschießen und das wisst ihr auch!«

Damit lag er vermutlich richtig. Die Norweger mussten Henke abschießen, um zu verhindern, dass er über besiedeltem Gebiet niedergehen würde. Ein Leben hier oben in der Luft gegen 18.000 dort unten am Boden. Eine ungerechte und doch so offensichtliche Rechnung. Eine Gegenüberstellung von Menschenleben, die das Loch in Friedrichs Magenregion wachsen ließ. Ihm wurde flau, dabei wusste er: die deutsche Luftwaffe würde nicht anders reagieren, würde es um eine deutsche Stadt gehen.

»Noch ist es nicht so weit«, sagte Friedrichs mit bebender Stimme. Sie wurde mit reichlich technischem Rauschen übertragen. »Ich gehe näher an ihn ran und versuche, ihn vom Kurs abzudrängen.«

»Bist du verrückt geworden?«, platzte es Gemersheim heraus. »Und was soll das bringen? Geht ihm der Sprit aus, landet er im Meer!«

»Aber nicht mehr in Narvik!«, gab Friedrichs zurück. »Und vielleicht wacht er ja wieder auf. Dann kann er sich immer noch rausschießen. Oder hat jemand eine bessere Idee?«

Weder Gemersheim noch Staake antworteten.

»In Ordnung, ich wechsle an seine rechte Fläche. Macht ordentlich Platz.«

Gemersheim und Staake vergrößerten den Abstand. Friedrichs unterflog Henkes Maschine, um sich an dessen rechter Tragfläche zu positionieren. Daraufhin sah er sich um. Er hatte genug Raum zum Manövrieren, Turbolenzen verspürte er keine. Jetzt oder nie.

»Ich versuche es«, gab er entschlossen durch.

»Sei bloß vorsichtig, Daniel!«

Friedrichs atmete einmal tief durch und tastete sich dann langsam, Zentimeter für Zentimeter, an den rechten Flügeltank von Henke heran.

Bong!

Die beiden Flügeltanks trafen mit einem leisen, metallischen Schaben aufeinander. Die Nerven des Oberleutnants waren so überreizt, dass ihm die sanfte Berührung viel heftiger erschien. Er leckte sich unter der Sauerstoffmaske die Lippen.

»Komm schon, komm schon«, murmelte er und hob ganz behutsam die linke Tragfläche an. Der rechte Flügel von Henkes Maschine bewegte sich tatsächlich etwas nach oben, doch dann steuerte der Autopilot gegen. Friedrichs musste den Versuch abbrechen, es drohte eine Kollision.

»Der verdammte Autopilot!«, machte er seinem Ärger Luft, während er wieder auf Abstand ging. »Der Autopilot korrigiert sofort den Kurs!«

Er sah hinüber zu Henke, der immer noch regungslos auf seinem Schleudersitz hing.

»Ich versuch´s nochmal!«

»Lass es bleiben, Daniel«, beschwor ihn Gemersheim. »Das ist zu gefährlich! Gegen den Autopiloten kommst du nicht an.«

»Er hat recht«, ließ sich Staake leise vernehmen. »Hör auf, Daniel.«

»Scheiße!«

Friedrichs hieb mit der Faust gegen das Kanzeldach. Er funkte Henke nochmals an. Vergeblich. Der Hauptmann hing wie tot in seinem Sitz.

»Flug Panther«, meldete sich die Leitstelle. »Sie haben Befehl, sofort umzukehren. Die Norweger übernehmen.« Der Lotse klang ehrlich bekümmert. Sie alle wussten, was damit gemeint war »Tut mir leid, Panther.«

»Gottverdammt.« Friedrichs schob das dunkle Visier nach oben und wischte sich über die brennenden Augen. Für den Bruchteil einer Sekunde schoss ihm der Gedanke an Befehlsverweigerung durch den Kopf.

Die drei deutschen Starfighter drehten schließlich ab.

Nachdem die Dänen den dahingleitenden Düsenjet mit seinem bewusstlosen Piloten bis vor die norwegische Küste begleitet hatten, übernahm die Alarmrotte der Kongelige Norske Luftforsvaret, der norwegischen Luftwaffe. Unter dem Rumpf der Starfighter mit der rot-blauen Flugzeugkokarde hingen gefechtsbereite Luft-Luft-Raketen. Die Norweger würden Hauptmann Henke bis zum bitteren Ende eskortieren. Knapp 100 Kilometer lagen zwischen ihnen und Narvik.

Die Zeit wurde knapp.

Es würde den norwegischen Piloten weiß Gott nicht leichtfallen, ihren deutschen Kameraden abzuschießen. Aber sie würden es tun.

Der Rottenführer ließ sich hinter den Starfighter mit den schwarz-weißen Balkenkreuzen fallen und aktivierte sein Waffensystem. In seinem Helm erklang ein Knurren – das Zeichen, dass die AIM-9 Sidewinder ihr Ziel aufgefasst hatte. Der Pilot hatte die Feuerfreigabe längst erhalten. Es war nur noch ein Daumendruck nötig und die Rakete würde zünden. Und doch zögerte er.

Mit einem Male wechselte der Starfighter vor ihm in den Sinkflug.

»Leitstelle, Ziel verliert an Höhe«, meldete der Norweger.

Die deutsche Maschine ging immer steiler nach unten.

»Sein Sprit ist alle!«

Ein paar Kilometer vor Narvik ragte eine Felsklippe aus dem Meer empor. Die Einheimischen nannten die bis auf eine Höhe von 1.007 Metern aufragende Gesteinsformation Fagernestoppen. An deren rasiermesserscharfen Felskanten endete der Flug der deutschen F-104G mit dem Kennzeichen DA 117. Der Starfighter prallte gegen den Steilhang und zerschellte.

»Die deutsche F-104 ist unten«, meldete der Rottenführer seiner Bodenstation. »Ich wiederhole: Die deutsche F-104 ist unten.«

Die norwegische Alarmrotte kreiste eine Weile über der Absturzstelle und kehrte dann nach Bodø zurück.

Nörvenich, zwei Tage später

Der Sarg von Hauptmann Roland Henke wurde ins Grab hinuntergelassen, er war mit der schwarz-rot-goldenen Fahne der Bundesrepublik bedeckt. Friedrichs, Gemersheim, Staake, Kissel, Suhr und Bergmann, Henkes Kameraden – Henkes Freunde – legten die Seile nieder und nahmen wieder ihren Posten als Ehrenwache ein.

Der Geschwaderkommodore hielt die Trauerrede, doch Friedrichs hörte die Worte des Obersts nicht. Seine Augen fanden die junge Witwe, Erika Henke. Sie versuchte stark zu sein, doch ihre aufgequollenen Augen waren mit Tränen gefüllt.

Vom anschließenden Empfang im Haus der Familie Henke setzten sich die sechs Ehrenwachen so bald wie möglich ab. Staake wohnte nur zwei Straßen weiter, also begaben sie sich dorthin.

Birgit verteilte Getränke.

»Auf den besten Freund und Vorgesetzten, den man sich wünschen kann«, sagte Staake und hob sein Glas. »Auf Roland.«

»Auf Roland!«

Sie stießen miteinander an.

Friedrichs leerte sein Glas. Lehnte den Kopf zurück gegen die Rückenlehne des Sofas und schloss die Augen.

»Es braucht seine Zeit«, flüsterte Birgit neben ihm.

Friedrichs öffnete die Augen und musterte sie.

»Ich habe mit Erika gesprochen«, fuhr Birgit fort. »Sie war sehr gefasst. Sie hat immer gewusst, was passieren kann.« Birgit schien etwas in ihrem halbgeleerten Glas zu suchen. »So wie wir alle.«

Friedrichs nickte wortlos.

»Du denkst an Caroline, nicht wahr?«

»Ja.« Er atmete tief ein und wieder aus. »Ich muss daran denken, was sie durchgemacht hat und was Sie durchmachen würde, wenn ...«

»..., wenn ihr heiratet und dir dann etwas zustoßen würde?« Sie erriet, was er nicht aussprechen konnte.

Friedrichs nickte betrübt, stellte das Glas ab und betrachtete seine Hände. Rau waren die. Schroff. Soldatenhände eben.

»Ich frage mich immer noch, ob ich Roland nicht doch hätte retten können.«

»Karl hat mir erzählt, was du getan hast«, offenbarte Birgit.

»Weil er dir immer alles erzählt.«

»Ganz genau.« Birgit ergriff seine Hand und drückte sie. Die ihre glühte regelrecht. Ihre sanfte Haut fühlte sich an wie eine Decke aus Samt. »Es war nicht dein Fehler. Du hast alles getan, was dir möglich war.«

»Vielleicht.« Friedrichs erwiderte den Druck, ehe seine Hand in ihrer erschlaffte. »Jedenfalls danke ich dir.«

»Du weißt doch, ich bin ebenso deine Freundin, wie Karl dein Freund ist.«

»Ich weiß.« Er lächelte schwach und stand auf. »Ich möchte jetzt gerne etwas alleine sein und in Ruhe über alles nachdenken.«

»Darüber, ob du die Luftwaffe verlässt?«, fragte Birgit und erhob sich ebenfalls. »Vielleicht solltest du zur Abwechslung mit dem Grübeln aufhören!«

Sie schritten zur Trassentür.

»Weshalb?«, wollte Friedrichs wissen.

»Weil es unschöne Denkerfalten fabriziert. Und weil du dich sonst nur verrückt machst«, stellte Birgit trocken fest. »Karl hat mit mir auch schon darüber gesprochen ... also was wäre, wenn ...« Nun war es Birgit, die den Satz nicht zu beenden vermochte.

Friedrichs erstarrte und sah sie ungläubig an.

»Ja«, sagte sie und nickte bekräftigend. »Hast du etwa geglaubt, wir würden uns keine Gedanken darüber machen?«

Sie stieß ein bitteres Lachen aus. »Ich kann dich verstehen, ich kann Erika verstehen und ich kann Caroline verstehen. Sehr gut sogar.«

Birgit schaute ihm tief in die Augen. »Wenn es dich erwischt hätte, wäre Karl weitergeflogen. Er hätte es gehasst, aber er hätte es getan. Und er wünscht sich, dass du ebenfalls weiter machst, sollte es ihn treffen.«

Friedrichs starrte sie sprachlos an.

»Aber behalte das bitte für dich«, schloss Birgit. »Karl wollte nicht, dass ich dir das erzähle.«

»Und warum hast du es mir dann erzählt?«, fragte Friedrichs.

»Damit du dich nicht verrückt machst!«

Er schluckte hart, dann nickte er.

»Ich verabschiede mich«, wisperte er nach einer gefühlten Ewigkeit des Schweigens.

Birgit umarmte ihn kurz und küsste ihn auf die Wange. »Gute Nacht, Daniel.«

»Gute Nacht.«

Friedrichs sah ihr hinterher, bis sie im Haus verschwunden war. Er konnte sich glücklich schätzen, solche Freunde zu haben. Er stieg in seinen Käfer, ließ den Motor an und fuhr los. An der Kreuzung bog er nach links ab und folgte der Straße in Richtung Flugplatz. Dann aber überlegte es sich anders und schlug einen neuen Kurs ein. Er stoppte vor jenem Haus, das er seit einiger Zeit schon nicht mehr betreten hatte. Im Inneren brannte Licht.

Die Hand am Türgriff des VW, verharrte er. Er wäre gerne zu ihr gegangen. Brannte darauf, sie in die Arme zu schließen. Ihr zu versprechen, dass er die Luftwaffe für sie verlassen werde. Er würde sie heiraten und Robert ein guter Stiefvater sein. Und fliegen könnte er immer noch für die Lufthansa.

Doch dann ließ er den Türgriff wieder los und legte den Kopf auf das Lenkrad.

Nein. Nein, er war noch nicht bereit, ein Busfahrer der Lüfte zu werden.

Seufzend startete er den Motor und brauste zum Flugplatz zurück.

Flugplatz Nörvenich, einige Wochen später

Die Untersuchungskommission hatte gut sechs Wochen gebraucht, um alle Berichte und Unterlagen zum Absturz von Roland Henke zu sichten und zu einem Ergebnis zu kommen. Sie kam zu dem Schluss, der Hauptmann habe aufgrund einer Verunreinigung der Sauerstoffversorgung mit Reinigungsmitteln eine Vergiftung erlitten und daraufhin das Bewusstsein verloren.

Der Führungsstab der Luftwaffe war durch die Ereignisse der zurückliegenden Monate in helle Aufregung versetzt. Er hatte auf

Henkes Bericht über die porösen Ölleitungen reagiert und den Lieferanten strenge Ultimaten gesetzt. Ebenso war der C2-Schleudersitz als unzureichend klassifiziert worden. Es wurde angeregt, den britischen Martin-Baker-Schleudersitz als Alternative in Betracht zu ziehen. Jener Sitz ermöglichte einen sicheren Ausstieg, sogar bei Flughöhe Null sowie Geschwindigkeit Null. Deswegen wurde dieser Sitz auch »Zero-Zero-Schleudersitz« genannt.

In der Zwischenzeit waren weitere Veränderungen eingetreten …

Daniel Friedrichs strich mit dem Daumen über die neuen Rangabzeichen. Diese zierten nun drei statt der bisherigen zwei Diamanten.

»Hauptmann Friedrichs«, sagte Staake und schnalzte mit der Zunge. »Dass ich das noch erleben darf.«

Friedrichs sah auf und grinste. »Oberleutnant Staake, oh Mann.«

»Birgit hat sich gefreut. Das zusätzliche Geld kommt wie gerufen.«

»Ah ja? Warum?«, bohrte der ebenfalls zum Hauptmann beförderte Otto Gemersheim argwöhnisch nach.

»Eine Freundin von unserer Kleinen hat einen kleinen Bruder bekommen … und jetzt möchte Kerstin auch einen!«, berichtete Staake. »Sie hat uns gefragt, ob wir nicht auch einen Bruder für sie kaufen könnten.«

»Kaufen?« Gemersheim lachte auf. »Na, da wäre ich aber gerne dabei, wenn ihr das erklärt!«

»Vergiss es.«

»Du bist mir vielleicht ein Kamerad«, meinte Gemersheim.

Hauptmann Dieter Suhr schloss seine Weste. »Dann wollen wir mal wieder«, sagte der neue Staffelkapitän.

»Jawohl, Herr Hauptmann.«

Sie fuhren zum Abstellplatz hinaus und überprüften die Maschinen. Nachdem sie zusammen mit den Warten die Vorflugkontrollen absolviert hatten, stiegen die Piloten jeweils in ihr Cockpit. Wenig später rollten die vier Starfighter auf die Startbahn.

Suhr und Staake bildeten bei diesem Flug die erste Rotte, während Friedrichs an der Seite von Gemersheim fliegen sollte.

»Kontrollturm, hier Flug Löwe«, rief Suhr den Tower an. »Sind startbereit.«

»Flug Löwe, hier Kontrollturm. Start ist freigegeben.«

Mit brüllendem Nachbrenner jagten die ersten beiden Maschinen die Piste hinunter und stiegen in den Himmel.

Gemersheim und Friedrichs folgten ihnen im Abstand von 30 Sekunden.

Sie flogen denselben Rundkurs, den sie bei ihrem letzten Flug mit Roland Henke geplant hatten. Den vier Piloten war das auch bewusst, weswegen sie unterwegs wenig sprachen. Jeder hatte die Sache für sich zu verdauen.

Bald meldete sich die Radarleitstelle mit dem Codenamen Rover bei ihnen.

»Flug Löwe, hier Leitstelle Rover. Kommen.«

»Leitstelle Rover, hier Löwe. Kommen.«

»Löwe, hier Rover. Wir haben ein nicht identifiziertes Ziel auf dem Radar. Steuerkurs null-fünf-fünf, Höhe zwo-null-hundert. Ziel abfangen und identifizieren.«

»Verstanden, Rover. Kurs null-fünf-fünf, Höhe zwo-null-hundert«, wiederholte Suhr. »Abfangen und identifizieren.«

»Löwe, wie kommt es eigentlich, dass die von da drüben sich immer hier herumtreiben, wenn ihr in der Luft seid?«, wollte der Lotse wissen.

»Ganz einfach: Wir tauschen Wodka gegen Bluejeans«, gab Suhr trocken zurück.

»Ha, ha! Sehr komisch, Löwe«, moserte der Lotse.

Friedrichs feixte hinter seine Maske.

»In Ordnung, Jungs«, sagte Suhr fröhlich. »Dann suchen wir mal nach unserem Iwan.«

Einige Minuten später konnten sie zwei kleine Punkte am Himmel ausmachen.

»Es wird ernst«, erklärte Suhr. »Zwei Bogeys auf ein Uhr. Jäger, wie es aussieht.«

Die deutschen Starfighter schossen heran und zogen an die linke Flanke der fremden Jagdflugzeuge.

»Fishbed!«, entfuhr es Staake. »Sogar mit roten Sternen.«

»Leibhaftige Iwans«, kommentierte Suhr.

Es waren tatsächlich zwei sowjetische Abfangjäger vom Typ MiG-21, NATO-Codename »Fishbed«.

»Die Burschen haben Raketen dabei«, stellte Gemersheim aufgeregt fest. »Obacht.«

Unter den Flügeln der MiG-21 schimmerten jeweils zwei Jagdraketen vom Typ AA-2 Atoll im Sonnenlicht. Ansonsten trugen die beiden MiG jeweils einen Zusatztank unter dem silberfarbenen Rumpf

»Behaltet euer Six im Blick«, erinnerte Suhr.

Ein wenig Vorsicht konnte nicht schaden.

Die sowjetischen Piloten schienen von der Anwesenheit der vier Starfighter nicht sonderlich beunruhigt zu sein. Sie taxierten die deutschen Flugzeuge in aller Seelenruhe und blieben dabei stoisch ihrem Kurs treu.

»Jetzt fehlen nur noch die Schweden«, entfuhr es Friedrichs.

»Vielleicht kommen die ja noch dazu.« Suhr sah zu dem Piloten in der vorderen Fishbed hinüber und grüßte mit einer Handbewegung. Der Russe nickte und hob den Daumen.

So zogen sie dahin, Deutsche und Russen, Seit an Seit.

Nach ein paar Minuten Flugzeit hob der Russe in der vorderen Maschine schließlich die Hand und winkte. Dann legten sich die beiden MiG auf die rechte Seite und rollten weg.

»Die müssen wohl zurück«, überlegte Suhr. »Haben bestimmt nicht mehr viel Sprit. War aber trotzdem eine nette Begegnung.«

Friedrichs nickte, sah den Russen nach, deren Kampfflugzeuge zu kleinen Punkten in der Ferne wurden, die bald gänzlich im Gewölk verschwunden waren.

»Gut, Jungs. Weiter im Text!«

Nörvenich, am gleichen Abend

Oberleutnant Karl Staake fand Hauptmann Daniel Friedrichs in seinem neuen Quartier. Friedrichs lag auf dem Sofa, der Fernseher war eingeschaltet, aber er widmete dem Programm keinerlei Aufmerksamkeit … es sei denn, er hätte Interesse am Koch-Club entwickelt, und das bezweifelte der Oberleutnant dann doch sehr.

»He, Daniel«, sagte Staake.

»He.« Friedrichs sah auf.

»Ich wollte nur mal nach dir sehen. Du hast dich am Wochenende ja wieder dünn gemacht, dabei wolltest du doch ursprünglich etwas mit Birgit, Kerstin und mir unternehmen«, sagte Staake vorwurfsvoll.

»Ich war nicht in der Stimmung dafür,« erwiderte Friedrichs. »Deswegen habe ich ja auch abgesagt, wie du dich erinnern wirst.«

»Rate mal, wen wir in der Stadt getroffen haben?«

»Hm?«

»Caroline.«

Friedrichs gab sich desinteressiert. »Ach, ja?«

»Sprich mit ihr, Daniel.«

»Nein.«

»Warum nicht?«

»Sie hat sich entschieden«, sagte Friedrichs. »Sie will mich nicht heiraten, wenn ich die Luftwaffe nicht verlasse, und ich will die Luftwaffe noch nicht verlassen. Ende der Geschichte.«

»Ihr zwei seid so stur!« Staake rang die Hände. »Zum Glück sind wenigstens Birgit und ich vernünftig hier.«

»Was soll das heißen?«

»Das heißt, du stehst jetzt auf«, sagte Staake und ergriff seinen Freund am Arm. »Los, hoch mit dir!«

»Ist ja schon gut.« Friedrich erhob sich. »Und jetzt?«

»Und jetzt könnt ihr reinkommen!« rief der Oberleutnant.

Die Tür wurde geöffnet und Birgit Staake erschien. Hinter ihr stand Carola Wegener, die Robert auf dem Arm trug.

Friedrichs war sprachlos.

»Hast du nichts zu sagen?«, wollte Birgit wissen.

»Was ...« Friedrichs brach ab und schaffte es dann, den Kloß in seinem Hals hinunterzuschlucken. »Was machst du denn hier?«

»Was soll ich schon hier machen?«, gab Caroline zurück. »Ich bin in einen verdammten Flieger verliebt und mein Sohn braucht einen Vater.«

Friedrichs wusste nicht, was er tun sollte, und brachte vor Regung keinen Ton heraus.

Robert hatte dieses Problem nicht.

»Daniiieeelll!«, krähte er und stürmte auf Friedrichs zu.

Der nahm den Jungen auf die Arme und knurrte ihm in den Nacken, wie er es schon oft beim Spielen mit Robert getan hatte. Dann sah er Caroline an.

»Bist du dir sicher?«

»Ganz sicher.« Sie trat zu ihm und er zog sie mit dem freien Arm an sich.

»Ich ... ich bin so glücklich, dass ich nicht weiß, was ich sagen soll.« Freudentränen standen in Daniels Augen.

»Vermasselt das bloß nicht wieder, ihr zwei«, warnte Birgit. »Es war eine höllische Arbeit, Caroline hierher zu bekommen. Wenn ihr nur nicht so verdammt stur gewesen wärt! Unglaublich!«

Friedrichs und Caroline lachten.

»Danke«, brachte Friedrichs dann mit bewegter Stimme hervor. »Ich danke euch.«

»Dafür sind Freunde doch da«, wehrte Staake ab.

»Reiten, Daniel«, bat Robert.

Friedrichs schwang sich den Jungen auf die Schultern und trabte gemeinsam mit Caroline durch das Zimmer.

»Meinst du, sie haben es jetzt endlich kapiert?«, fragte Birgit.

Staake drückte seiner Frau einen Kuss auf die Wange. »Falls nicht, sind wir doch da und passen auf sie auf, Schatz.«

Sie sahen zu, wie Friedrichs den kleinen Robert absetzte und dann Caroline ganz eng an sich zog. Für einen Moment standen sie so da und schauten sich tief in die Augen. Dann legte Caroline die Arme um Friedrichs, zog sein Gesicht zu sich herunter und sie küssten sich.

Nachwort

Ich wuchs während der 1980er-Jahre auf. Damals lagen die Dinge in der Welt noch ein wenig anders als heute. Ost und West standen sich bis an die Zähne bewaffnet im geteilten Deutschland gegenüber. Der Triebwerkslärm von Kampfflugzeugen wurde noch nicht als störend empfunden, im Gegenteil, diese Geräusche waren für einen bedeutenden Teil meiner Generation der Sound of Freedom. Als kleiner Junge, der alles mochte, solange es nur genug Krach machte, war ich von den vielen Tieffliegern über unserem Haus natürlich begeistert. Einmal raste ein nadelspitzer Jet in Rückenlage so dicht über uns hinweg, dass die Gläser im Schrank klirrten. Ich wusste da natürlich noch nicht, dass es sich um einen Starfighter gehandelt hatte, das sollte ich erst Jahre später erfahren. Aber der Anblick blieb mir unvergesslich und weckte mein Interesse an der Bundeswehr.

Zu dieser Zeit verschwand die F-104G langsam aus den Beständen der Luftwaffe und der Marineflieger und wurde durch das Mehrzweckkampfflugzeug Panavia Tornado ersetzt. Das letzte Starfighter-Exemplar der Wehrtechnischen Dienststelle 61 in Manching wurde am 22. Mai 1991 außer Dienst gestellt. Von den 916 beschafften Maschinen gingen 269 durch Abstürze verloren – fast ein Drittel der gesamten Flotte. Insgesamt mussten durch Unfälle 300 Starfighter abgeschrieben werden. 116 Piloten, darunter acht Amerikaner, verloren ihr Leben. Der letzte tödliche Unfall ereignete sich im Jahre 1984.

Manche Nato-Länder, die auf den Starfighter setzten, waren nicht annähernd von ähnlichen Problemen betroffen. Spanien beispielsweise verlor nicht eine einzige Maschine, allerdings wurde der Starfighter dort auch nur in seiner ursprünglichen Rolle als Abfangjäger eingesetzt.

Italien wiederum stellte als letzter Betreiber seine F-104S erst im Oktober 2004 außer Dienst. Dort gingen in 40 Dienstjahren 137 von 360 Flugzeugen verloren, also fast 40 Prozent des gesamten Bestandes.

In Deutschland ist der Starfighter der breiten Öffentlichkeit auch heute noch als »Witwenmacher«, »Erdnagel« oder »Fliegender Sarg« bekannt.

Gründe für die häufigen Abstürze waren Ausfälle und Defekte in allen Segmenten des Flugzeugs. Vor allem die Elektronik, das

Triebwerk und die Hydraulik sorgten für Probleme. Dafür gab es viele Ursachen.

Die europäischen Hersteller des Starfighters fertigten viele Bauteile ganz anders als von Lockheed vorgegeben. So wurden Hydraulikleitungen zum Beispiel aus Kostengründen nicht gebogen, sondern geknickt oder geschweißt. Zudem unterschieden sich die einzelnen Maschinen je nach Werk bereits in Bezug auf Elektronik, Software und anderer Ausrüstung voneinander. Eine F-104G, die in Belgien gebaut wurde, war demnach erheblich anders beschaffen als eine in Augsburg gefertigte Maschine.

Die größten Herausforderungen für die Bundeswehr stellten jedoch zweifellos die Infrastruktur und der Personalmangel dar. Auf eine Art ist das aus heutiger Sicht verständlich, denn man stampfte nicht so einfach per Fingerschnippen eine komplette Luftwaffe mit mehr als 900 hochmodernen Kampfjets aus dem Boden. Die Politik aber bestand darauf, und so wurde der Starfighter innerhalb weniger Jahre in großer Stückzahl in Dienst gestellt. Piloten und Mechaniker konnten nicht so umfassend ausgebildet werden, wie es notwendig gewesen wäre. Allein die Vorschriften für die Wartung brachten schließlich fast drei Zentner auf die Waage. Wer konnte all das schon auswendig kennen?

All dies fiel in die Zeit des Wirtschaftswunders. Man arbeitete lieber im besser bezahlten Zivilbereich und die Bundeswehr galt ohnehin als nicht besonders attraktiver Arbeitgeber. Immerhin lag der Krieg erst wenige Jahre zurück. So fehlten den Streitkräften zeitweise rund 10.000 Mechaniker. Eine große Anzahl an Flugzeugen benötigte jedoch auch entsprechend vorbereitete Fliegerhorste und über die verfügte die Luftwaffe noch nicht. Diese befanden sich erst im Bau. Es gab einfach nicht genügend Unterstände für die Maschinen. So parkten die Starfighter der Luftwaffe jahrelang ungeschützt auf den Stellflächen und waren den Elementen ausgeliefert.

Was Feuchtigkeit im Anlasser eines Autos bewirken kann, dürfte bekannt sein. Was Nässe, Kälte oder Hitze an der Elektronik eines hochkomplexen Waffensystems wie dem Starfighter auslösen können, vermag sich wohl jeder vorzustellen.

Die Einsatzbereitschaft sank weit unter das von der NATO geforderte Niveau und allein 1965 ereigneten sich 27 Unglücke mit dem Starfighter. 17 Piloten bezahlten mit ihrem Leben.

Der Inspekteur der Luftwaffe, General Werner Panitzki, leitete schließlich entscheidende Maßnahmen ein, um die Zuverlässigkeit, Sicherheit und Einsatzbereitschaft des Starfighters zu verbessern. Diese Maßnahmen griffen jedoch erst, als Panitzki nicht mehr im Amt war, weswegen sein Nachfolger, General Johannes Steinhoff, als Bezwinger der Starfighter-Krise gilt. Werner Panitzki wurde am 25. August 1966 auf eigenen Wunsch von Verteidigungsminister Kai-Uwe von Hassel entlassen, nachdem er in einem Interview die Beschaffung des Starfighters als eine rein politische Entscheidung kritisiert hatte. Der Sohn des Ministers von Hassel, Oberleutnant zur See Joachim von Hassel, kam am 10. März 1970 beim Absturz seines Starfighters ums Leben.

Ebenso kritisch äußerte sich der Kommodore des Jagdgeschwaders 71, Oberst Erich Hartmann. Hartmann hatte während seiner Ausbildung zum Starfighter-Piloten in den USA enge Verbindungen zu den amerikanischen Fliegern geknüpft. Diese hatten ihm außerhalb des Dienstes von ihren täglichen Erfahrungen mit der F-104 und den mit dem Muster abgestürzten US-Piloten berichtet. Hartmann wurde wegen seiner Kritik auf einen wenig attraktiven Dienstposten abgeschoben und schied im Jahre 1970 vorzeitig aus dem Dienst aus.

General Steinhoff fand nach seinem Amtsantritt im Jahre 1966 schnell eine Devise, um die Krise der Luftwaffe in den Griff zu bekommen. Sie lautete: »Fliegen, fliegen, und nochmals fliegen!« Steinhoff ordnete mehr Trainingsflüge an und straffte die Organisation am Boden, er stellte zudem Hunderte zivile Techniker aus der Luftfahrtindustrie ein und sorgte für einen besseren Ersatzteilnachschub. Schon 1967 gingen die Absturzzahlen deutlich zurück und pendelten sich in den nächsten Jahren auf internationalen Durchschnitt ein. Doch da war der Ruf der Luftwaffe und des Starfighters längst ruiniert. Aus dem öffentlichen Interesse wegen der vielen Unglücke entwickelte sich die oft beschworene »Starfighter-Affäre«.

Ein Rückblick: Ende der 1950er-Jahre suchte die Bundeswehr unter Verteidigungsminister Franz-Josef Strauß nach einem neuen Kampfflugzeug. Lockheed in den USA bot seine Hochleistungsmaschine F-104 Starfighter an. Doch beim Starfighter handelte es sich um einen Schönwetter-Abfangjäger, nicht um einen Jagdbomber. Gleichzeitig stand die französische Mirage III im

Blickpunkt des Interesses. Die Luftwaffe tendierte eher zur Mirage III und auch die Politik schien dem französischen Muster den Vorzug geben zu wollen, da man glaubte, die notwendigen Anpassungen seien an der Mirage einfacher vorzunehmen.

Dann jedoch verkündeten die Amerikaner, auch diejenigen europäischen NATO-Partner, die nicht zu den Atommächten zählten, mit Nuklearwaffen ausrüsten zu wollen. Die Franzosen wollten ihr atomares Arsenal nicht mit den Deutschen teilen. Die Amerikaner hingegen versprachen, im Ernstfall nukleare Sprengkörper zur Verfügung zu stellen. Franz-Josef Strauß, der eine deutsche Atombomberflotte unterhalten wollte, welche ihre Bomben bis ins Uralgebirge zu tragen vermochte, entschied sich daraufhin für die F-104. Aus einem leichtgewichtigen Abfangjäger sollte ein schweres Mehrzweckkampfflugzeug werden, das mit Hilfe von modernsten Allwetternavigations- und Waffenleitsystemen 907-Kilogramm-schwere Atombomben ins Ziel bringen konnte. Und tatsächlich sollten später auf fünf Jagdbomber-Stützpunkten der Luftwaffe jeweils sechs Starfighter mit US-Atombomben unter dem Bauch in ständiger Alarmbereitschaft stehen. Bewacht wurden die Flugzeuge von schwer bewaffneten Sicherheitsposten der US-Armee. Wer sich unbefugt der gelben Sicherheitslinie um die Stellplätze der Flugzeuge näherte, riskierte, erschossen zu werden.

Strauß ließ den amerikanischen Schönwetter-Abfangjäger also in einen nuklearen Jagdbomber umrüsten. Das Leergewicht der F-104G betrug schließlich 6.390 Kilogramm und das maximale Abfluggewicht stieg auf 13.054 Kilogramm. Zum Vergleich: bei der ursprünglichen F-104A waren es noch 5.290 Kilogramm und 10.170 Kilogramm gewesen. Neben dem Bombenzielsystem kamen weitere Sonderwünsche hinzu: Autopilot, Infrarotvisier, aufwendige Rechnersysteme, Vielzweckradar. Das neue Flugzeug sollte alle anstehenden Aufgaben moderner Luftstreitkräfte übernehmen: Abfangjäger, Jagdbomber, Aufklärer, Seezielbekämpfer, Schulflugzeug. Kritiker äußerten schon damals, man wolle eine eierlegende Wollmilchsau.

Entgegen aller Ratschläge von Experten, die zunächst nur zum Kauf von 250 Maschinen rieten, orderte Strauß schließlich mehr als 700 Exemplare. Hersteller Lockheed, der zu diesem Zeitpunkt kurz vor dem Konkurs stand, konnte sich über einen Auftrag von mehr als vier Milliarden Mark freuen. Später wurden 216 weitere F-104 nachbestellt.

Das Starfighter-Projekt war monströs geworden – und wurde zunehmend zum Politikum. Weil bei der Beschaffung laut Bundesrechnungshof »miserabel« verhandelt worden war, gingen die Kosten für die Nachrüstung zu Lasten der deutschen Regierung. Neben den eigentlichen Anschaffungskosten kamen nun noch 750 Millionen Mark für die Nachrüstungen hinzu.

Lockheed zahlte große Summen an Schmiergeldern, um den Starfighter zu vermarkten. In Japan konnte dem ehemaligen Premierminister Kakuei Tanaka 1976 nachgewiesen werden, dass er zu diesem Zwecke mehr als drei Millionen US-Dollar erhalten hatte. Ähnliche Vorwürfe wurde in Italien und den Niederlanden erhoben, mehrere hochrangige Politiker mussten zurücktreten oder wurden vor Gericht verurteilt.

Franz-Josef Strauß soll 10 Millionen Dollar von Lockheed erhalten haben. Ein Untersuchungsausschuss des Bundestages folgerte jedoch, dass sich eine Bestechung nicht nachweisen lasse, und so wurden die Vorwürfe fallen gelassen.

In Amerika befasste sich ein Untersuchungsausschuss des US-Senats mit der Affäre und kam zu dem Ergebnis, dass Lockheed nachweislich mehr als 22 Millionen Dollar an Bestechungsgeldern an Verbündete gezahlt hatte, um dem Verkauf ihres Flugzeugs den Weg zu ebnen.

Den eigentlichen Preis für den Skandal zahlten in Deutschland die Starfighter-Piloten, ihre Angehörigen und Freunde.

Wer glaubt, solche Zustände wären heute nicht mehr möglich, der sei an dieser Stelle an die zahlreichen Probleme mit den heutigen Waffensystemen der Bundeswehr erinnert. Egal ob der Eurofighter, das Transportflugzeug A400M, der Kampfhubschrauber Tiger, der NH90-Transporthubschrauber, die Fregatten der Baden-Württemberg-Klasse, die U-Boote vom Typ 212A oder der Berater-Skandal im Verteidigungsministerium – Parallelen zu damals sind deutlich zu erkennen.

She was a Pilot´s Aircraft ...

Auch, wenn das Andenken an die F-104 von Skandalen und negativen Eindrücken beherrscht wird, so war die Maschine doch ein unglaubliches Flugzeug. Ich war überrascht, als ich erfuhr, dass die ehemaligen Starfighter-Piloten voller Begeisterung und auch mit etwas Wehmut an ihre Zeit im Cockpit zurückdenken.

Rolf Stünkel hat es vermutlich am besten auf den Punkt gebracht:

»Jedem Betrachter der ›Hundertvier‹ fallen sofort die winzigen Trapezflügel mit den scharfen Vorderkanten auf – ein absoluter Hingucker.

Technische Pannen und Schulungsdefizite sorgten in der Frühzeit für zahlreiche Abstürze. Dennoch war die F-104 ein Quantensprung im Flugzeugbau und jahrelang in mehreren Disziplinen unerreicht. Sie flog wie eine Rakete: Von Null auf 1.000 Stundenkilometer brauchte sie kaum eine Minute, beschleunigte ohne Außenlasten anstrengungslos auf die zweifache Schallgeschwindigkeit und bot atemberaubende Rollraten um die Längsachse. Ein Starfighter-Cockpit bestieg man nicht, man schnallte sich das Flugzeug unter.

Die von den meisten Piloten heiß geliebte ›Hundertvier‹ wurde hierzulande in den 1980er-Jahre ausgesondert. Was bleibt, ist die Erinnerung an ein wahrlich außergewöhnliches Flugzeug.«

Männer wie Gerhard Frank (Mein Leben und die Fliegerei), Erwin Willing (Vergöttert und verteufelt), Rolf Stünkel (Mach 2 – Meine Jahre im Cockpit des Starfighter) und Hansdieter Loy (Jahre des Donners) haben die F-104 in schwierigen Zeiten geflogen, viel mit dem Muster erlebt und ihrem Land treu gedient.

Meine Hochachtung gilt ihnen und allen anderen Starfighter-Piloten ebenso wie den zahllosen Angehörigen des Bodenpersonals, die den Flugbetrieb durch ihren unermüdlichen Einsatz erst ermöglicht haben.

Technische Daten

Hersteller:	Lockheed Aircraft Corporation
Triebwerk:	General Electric J79-GE-11A (J79 MTU-J1K)
Leistung/Schub:	47,5 kN (70,9 kN mit Nachbrenner)
Länge:	16,69 m (ohne Staurohr)
Höhe:	4,10 m
Spannweite:	6,68 m (7,52 mit Tiptanks)
Leergewicht:	6350 kg
Max. Abfluggewicht:	13500 kg
Höchstgeschwindigkeit:	2450 km/h in 13000 m / Mach 2
Marschgeschwindigkeit:	830 km/h in Bodennähe
Dienstgipfelhöhe:	15240 m
Reichweite:	820 km
Überführungsreichweite:	3500 km (High-Low-High)
Bewaffnung:	Bordkanone M61 Vulkan 6 x 20 mm Gatling, AIM-9B Sidewinder Luft-Luft Raketen, 70 mm Luft-Boden Raketen, gebremste und ungebremste Bomben, sowie Waffenbehälter bis 2000 kg Taktische Nuklearwaffen Drei Senkrechtkameras mit einer Abdeckung von 120° bei der RF-104G.
Besatzung:	1 (2 in F-104F / TF-104G)
Erstflug:	04.03.1954 (offizieller Erstflug)

Starfighter-Einheiten

Waffenschule 10	Nörvenich (ab 1964 Jever)
Jagdgeschwader 71 »Richthofen«	Wittmund
Jagdgeschwader 74 »Mölders«	Neuburg an der Donau
Jagdbombergeschwader 31 »Boelcke«	Nörvenich
Jagdbombergeschwader 32	Lechfeld
Jagdbombergeschwader 33	Büchel
Jagdbombergeschwader 34	Memmingen
Jagdbombergeschwader 36	Hopsten
Wehrtechnische Dienststelle 61	Manching
Luftwaffenversorgungsregiment 1	Erding
1. Luftwaffenausbildungsstaffel USA	Luke Air Force Base
Aufklärungsgeschwader 51 »Immelmann«	Manching (ab 1969 Bremgarten)
Aufklärungsgeschwader 52	Leck

Über den Autor

Stefan Köhler stand als KFOR- und ISAF-Veteran in Afghanistan im Kampfeinsatz und ist dort verwundet worden. Niemand vermag die Schrecken des Krieges so schonungslos aufs Papier zu bringen wie jemand, der sie am eigenen Leib erfahren hat. Stefan Köhler schreibt auf den Punkt, seine Texte lassen den Leser nicht mehr los.

Verpassen Sie keine Neuerscheinung!

Tragen Sie sich in den Newsletter von *EK-2 Militär* ein, um über aktuelle Angebote und Neuerscheinungen informiert zu werden und an exklusiven Leser-Aktionen teilzunehmen.

Link zum Newsletter:
https://ek2-publishing.aweb.page

Über unsere Homepage:
www.ek2-publishing.com
Klick auf *Newsletter*

Via Google: *EK-2 Verlag*

Als besonderes Dankeschön erhalten Sie **kostenlos** das E-Book »Die Weltenkrieg Saga« von Tom Zola.

Deutsche Panzertechnik trifft außerirdischen Zorn in diesem fesselnden Action-Spektakel!

Entdecken Sie EK-2 Militär!

Verpassen Sie keinesfalls unsere aktuellen Bestseller und berüchtigten Klassiker.

Raubkatzen der Meere
Von Erwin Welker

James Walker und seine Crew versuchen nach dem Krieg den dunklen Klauen der Piraterie zu entfliehen.

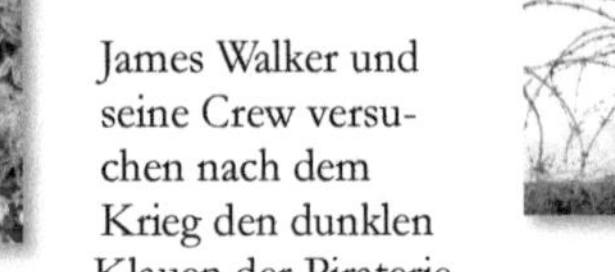

Vom Omaha Beach bis Sibirien
Von Kurt K. Keller

Ehemaliger Soldat Kurt K. Keller berichtet biografisch von seinem bewegenden Leben an der Front und seinen Erlebnissen vom D-Day.

Landser im Weltkrieg – Band 1
Von Hermann Weinhauer

Die wenigen deutschen Divisionen müssen sich einem an Material und Menschen weit überlegenen Feind stellen.

3.500 Tage Unfreiheit
Von Hans Heuer

Ergreifende Tagebuchaufzeichnungen und Erinnerungen des ehemaligen Soldaten Hans Heuer im Zweiten Weltkrieg.

WN 62
Von Hein Severloh

Die Autobiografie des MG-Schützen Hein Severloh erzählt von seinen Erinnerungen an den D-Day, die größte Landeoperation des Zweiten Weltkriegs.

Imperium Germanicum – Band 1
Von Hermann Weinhauer

Zusammen mit einem kleinen Kreis von Verschwörern entmachtet ein Feldmarschall die NS-Regierung und setzt eine militärische Elite ein, um den Verlauf des Krieges zu wenden.

Diese und viele weitere Militär-Bücher finden Sie bei EK-2 Militär!

Ihre Zufriedenheit ist unser Ziel!

Liebe Leser, liebe Leserinnen,

hat Ihnen unser Buch gefallen? Haben Sie Anmerkungen für uns? Kritik? Bitte zögern Sie nicht, uns zu schreiben. Wir werden jede Nachricht persönlich lesen und beantworten.

Schreiben Sie uns: info@ek2-publishing.com

Wussten Sie schon, dass Sie uns dabei unterstützen können, deutsche Militärliteratur sichtbarer zu machen? Bitte nehmen Sie sich einen Moment Zeit und bewerten Sie dieses Buch online. Viele positive Rezensionen führen dazu, dass das Buch mehr Menschen angezeigt wird.

Sie können somit mit wenigen Minuten Zeitaufwand unserem kleinen Familienunternehmen einen großen Gefallen tun. Vielen Dank für Ihre Unterstützung!

Impressum

Eine Veröffentlichung der EK2-Publishing GmbH
Friedensstraße 12, 47228 Duisburg
Handelsregisternummer: HRB 30321
Geschäftsführerin: Monika Münstermann

E-Mail: info@ek2-publishing.com
Website: www.ek2-publishing.com

Cover/Umschlag: Coverdesign Jörg Piesker, unter Verwendung von Stockfotos Adobestock, Shutterstock Studio Barcelona. Starfighter: Steve Knight Bundesarchiv commons.wikimedia.org

Lektorat: Jill Marc Münstermann
Buchsatz: Eduard Krisan

3. Auflage, November 2023

Druckhinweis:

Libri Plureos GmbH

Friedensallee 273

22763 Hamburg